Das Buch

Mit der Familie um die ganze Welt! Diesen Traum haben sich die Tierärzte und Tierphotographen Julia und Roland Seitre erfüllt. Die farbenprächtigen und anrührenden Photos, die Julia und Roland Seitre aus Afrika, Nord- und Südamerika, Australien, Asien, Madagaskar, der Antarktis und Europa mitbrachten, erzählen von der besonderen Beziehung zwischen Kindern und wilden Tieren, sie öffnen den Blick für den unerschöpflichen Reichtum der Natur, aber auch für die Zerstörung durch den Menschen sowie für das Verschwinden zahlreicher Tier- und Pflanzenarten. Eine Hymne an die paradiesische Schönheit der Welt und eine Botschaft der Liebe.

Die Autoren

Die Tierärzte Julia und Roland Seitre arbeiten seit 1983 als freie Photoreporter für große internationale Magazine und Zeitschriften. In ihren außergewöhnlichen Bildern und Reportagen dokumentieren sie vor allem aussterbende Tier- und Pflanzenarten sowie die Zerstörung der Natur durch den Menschen. Sie sind seit 1986 verheiratet und reisen seit zehn Jahren mit ihren Kindern Ariane (geb. 1991), Corentin (geb. 1993) und Mahaut (geb. 1999) um die Welt.

Julia & Roland Seitre

KOMM, NASHORN, NIMM EIN BAD MIT MIR

Mit unseren Kindern durch die Welt der Tiere

Aus dem Französischen
von
Gisela Sturm

Ullstein

INDIAN
OCEAN

VORWORT

Jeder Mensch erlebt im Verlauf seines Lebens magische Momente, die trotz ihrer Kurzlebigkeit einen inneren Wandel bewirken, weil sie grundlegende, universelle Kräfte in uns zum Schwingen bringen. Diese Momente, in denen wir mit der Natur und allen anderen Lebewesen eins werden, sind ebenso existentiell wie unsere Erfahrungen, die wir durch unsere Kontakte zu Tieren gesammelt haben. In Kontakt zu einem Wildtier kann der moderne Städter eine emotionale Intensität erfahren, in der das Echo einer fernen, längst vergangenen Zeit anklingt. Dieses Buch ist eine Sammlung magischer Momente. Man kann es als Bilderbuch anschauen, das uns in die Welt einer paradiesischen Natur entführt. Als legale »blinde Passagiere« folgen wir den Spuren dieser besonderen Familie, um an ihrer Passion für die Natur dieses Planeten teilzuhaben. Durch die Schönheit dieser Fotos und den Zauber, der von ihnen ausgeht, können wir für eine Weile unserer Alltagswirklichkeit entfliehen.

Darüber hinaus hinterfragt dieses Buch den Platz, den wir auf der Welt besetzen, unseren zerstörerischen Umgang mit der Natur, von der wir abhängig sind, obwohl wir es nicht wahrhaben wollen. Wir haben die Technik zum Gott erhoben und glauben die Welt zu beherrschen. Dieses Buch bringt uns zu Bewußtsein, daß wir alle nur Teile einer höheren Ordnung und deshalb, ein jeder auf seiner Stufe, für den Zustand der Natur verantwortlich sind.

Es veranschaulicht den Wahnsinn dieser Welt, unsere mangelnde Solidarität mit anderen Lebensformen, mit denen wir auf diesem Planeten in einem gewaltigen Akt der Balance verbunden sind, dessen Komplexität uns größtenteils unbekannt ist, die heutzutage aber von niemandem in Abrede gestellt werden kann.

Vaclav Havel hat es so ausgedrückt: »Indem er der Kuh die Reste ihrer Identität als Kuh raubte, hat sich der Mensch seiner eigenen Identität als Mensch beraubt.«

Es geht darum, daß wir unsere Grenzen hinterfragen und sie unter Berücksichtigung der Lebensräume anderer Lebewesen, ob Tier, Pflanze oder Mensch, neu definieren.

Durch den Respekt, den die Familie Seitre unterwegs der Tier- und Pflanzenwelt erweist, hinterfragt sie den Sinn dieser schleichenden Zerstörung der Biosphäre.
Die Bildunterschriften sind informativ, ohne zu belehren; sie zeigen auf und appellieren an unsere Vernunft. Diese Bilder bringen in uns eine nostalgische Saite zum Schwingen; sie erinnern uns daran, daß die Natur Tag für Tag ärmer wird und daß es Tierarten gibt, die praktisch nur noch in der Gefangenschaft in Naturparks und Zoos überleben. Kaum hat uns der haarige Charme des Sumatra-Nashorns zum Schmunzeln gebracht, als wir schon erfahren müssen, daß es kurz nach dieser Aufnahme unwiederbringlich aus der Natur verschwunden ist.
Dieser Bildband handelt auch von Kindheit, Erziehung und dem Verhältnis zwischen Kindern und Tieren. Heutzutage werden Eltern mit Erziehungsratgebern regelrecht bombardiert, und die Modelle sind so zahlreich, daß sie nicht wissen, wofür sie sich entscheiden sollen. Man hat die Psychoanalyse falsch interpretiert, und das Kind wurde zum König, wenn nicht zum Tyrannen der Familie gemacht. Man riet den Eltern, dem Kind aus Respekt vor seiner Person die totale Freiheit zu lassen, obwohl ursprünglich das Gegenteil gemeint war. Man erzog sie zur Verantwortungslosigkeit, um ihnen keine Schuldgefühle zu machen. Im Eifer, alles ins Gegenteil zu verdrehen, plädiert nun das eine Lager wieder für die Dressur des Kindes, während das andere sich für das große Familienbett engagiert, wo sich die ganze Brut an den Mutterschoß kuschelt!
Im Unterschied zu anderen Säugern wurde dem Menschen die Sprache gegeben. Die Sprache befähigt uns, in komplexen Zusammenhängen zu denken, zu imaginieren und für unsere Liebe und Zärtlichkeit Worte zu finden. Menschliches Leben ohne Sprache ist undenkbar. Die Sprache ist für den jungen Menschen der Schlüssel zur sozialen Gemeinschaft. Am stärksten ist jedoch der Wunsch zu lieben und geliebt zu werden. Durch die Sprache hat der menschliche Säuger die Fähigkeit zu erfinden, zu forschen, zu entwerfen und seinem Leben einen Sinn zu geben. So erhebt er sich über das reine Menschsein, entzieht sich dem Diktat seiner Gene und der Tyrannei seiner Hormone. Hier liegen die Wurzeln seiner Sensibilität. Durch sein Liebes- und Bindungsbedürfnis wird der Mensch ständig auf seine Grenzen gestoßen. Kein einziges »Wolfskind«, das nach der Vollendung des siebten Lebensjahrs entdeckt wurde, hat jemals den Weg zurück in die Gemeinschaft der Menschen gefunden. Diese Kinder sind sehr jung gestorben. Aus ihrem Bedürfnis nach Liebe identifizierten sie sich mit den Tieren, die sie aufnahmen und ihnen das Überleben ermöglichten, bis es kein Zurück mehr gab.
Tiere folgen im Gegensatz zu Menschen weit mehr ihrem Instinkt und ihren Genen, wobei der Instinktbegriff der einen Seite dem der anderen Seite nicht voll entspricht. Bei Tieren werden der Geschlechtstrieb und die soziale Rangfolge zeitlebens durch genetische und hormonelle

Vorgaben bestimmt. Auch das menschliche Sexualverhalten, der Trieb zu töten und zu leben scheinen dem Instinkt unterworfen zu sein. Die Gefühle, die moralischen Werte, die auf den Einfluß der Familie und der Gesellschaft zurückgehen, stellen es dem Menschen jedoch frei, sein Verhalten der jeweiligen Situation anzupassen und seine Triebe zu kontrollieren. Dies ist der Preis, der ihm von der Gemeinschaft abverlangt wird. Manche Menschen stellen die Liebe höher als ihr Leben. Der Mensch kann sein Menschsein durch Engagement, Leidenschaft und Nächstenliebe transzendieren. In seiner sozialen Abhängigkeit kommt er hilfloser als andere Säugetiere auf die Welt. Er braucht Monate, um ohne Hilfe aufrecht zu gehen und Nahrung aufzunehmen, und er ist abhängig von anderen, älteren Menschen, die über sein Leben bestimmen und dabei häufig verkennen, daß Kontakte, Zärtlichkeiten und Worte für seine Entwicklung so existentiell sind wie die Hygiene; diese Erkenntnis ist für jedes der Sprache nicht mächtige Säugetier eine Selbstverständlichkeit. Ein Baby, das ohne Zärtlichkeit aufwächst, hat Angst und kein Vertrauen in seine Gefühle, so daß es seine gesunde Aggressivität verliert. Bei der Behandlung, die ein Säugling nach der Geburt in der heutigen Gesellschaft erfährt, hat die medizinische Versorgung Priorität, obwohl liebevolle Worte, Geborgenheit und Zärtlichkeit für das Wohl des Kindes mindestens so bedeutsam sind wie die Vitamine und die Hygiene. Auf diese Weise werden die Kinder schutzlos in eine Welt katapultiert, in der sie sich ihre Autonomie und ihren Platz erkämpfen müssen, ohne eine Chance zu haben, ihre kreativen Kräfte voll zu entfalten, weil ihnen das Fundament für die Ausbildung des Vertrauens in den anderen und in sich selbst nicht mitgegeben wurde. Im Gegensatz zu den Tieren, die uns voraus sind, vermitteln wir unseren Kindern nicht die Codes, deren sie für die Planung ihres Lebens in der Gemeinschaft bedürfen.
Wir rechtfertigen uns damit, daß die menschliche Spezies ihre Lebensweise so stark verändert hat, daß sie diese von den Jüngeren so dringend benötigten Codes selbst nicht mehr kennt. Kein anderes Lebewesen hat seine Lebensbedingungen so rasch und grundlegend verändert wie der Mensch. Das Fundament, das unsere Großeltern unseren Eltern weitervermacht haben, ist für unsere Kinder, die einer ungewissen Zukunft entgegenblicken, bedeutungslos geworden.
Die schönste Art, ein Kind auf das Leben und die Liebe vorzubereiten, besteht darin, es im behutsamen Umgang mit Tieren anzuleiten und es anzuhalten, das Tier in seinem Anderssein zu respektieren. Gleichzeitig ist es eine Demutsübung vor dem Unvermeidlichen und dem Wunder des Lebens. Das blutige Drama, das sich die Löwinnen und die Antilopen vor unseren Augen lieferten, wurde der kleinen Ariane, die es in ihrem Versteck nicht sehen konnte, über atmosphärische Schwingungen übertragen. Ein weiteres Beispiel dafür wäre die alte, mütterliche Äffin, die ein weinendes kleines Mädchen vor dem leiblichen Vater in Schutz nehmen will. Diese Ereignisse bestätigen nur, daß Tiere im Leben kleiner Kinder einen wichtigen Platz haben, allerdings nicht als lebendes Spielzeug. Die Vermenschlichung des Tieres durch die Projektion unserer eigenen Gefühle hat nichts mit Tierliebe zu tun. Die ethische Erziehung eines Kindes könnte damit beginnen, daß es sich als verständnisvoller Spielgefährte des Tieres begreift und nicht umgekehrt. Wenn man dieses Buch am Ende zuklappt, kann man es kaum erwarten, Ariane, Corentin und Mahaut kennen zu lernen, um zu sehen, wie diese bemerkenswerten Lehrjahre in ihre persönlichen Entwicklungen eingeflossen sind.

Catherine Dolto

EINLEITUNG

Jetzt sind es bereits weit mehr als zehn Jahre, daß unsere Familie gemeinsam den Globus bereist. Ariane, die 1991 geboren wurde, besuchte mit uns Afrika, als sie zwei Jahre alt war. Corentin, der 1993 zur Welt kam, war ebenso alt, als wir ihn nach Australien und in die Antarktis mitnahmen. Mahaut, die Jüngste, kam 1999, und sie war vier Monate alt, als sie mit uns zum ersten Mal um die Welt zog. Unsere erste Leidenschaft sind die wilden Tiere. Nach unserem Veterinärstudium hätten wir wie normale Menschen eine Praxis gründen können, um unserer Begeisterung nur noch in unserer Freizeit nachzugehen. Eines Tages wurde uns die Leitung eines Tierschutzprogramms in Saudi-Arabien übertragen, und schließlich haben wir (eher absichtslos) die Fotoreportage von ihrem Hobbystatus zur Einnahmequelle erhoben, um damit unsere Expeditionen in die Wildnis zu finanzieren. Unser Beruf ist gewiß nicht komfortabel, gestattet uns aber, Beruf und Privates zu vereinbaren.
Unsere Sorge, daß Arianes Geburt nach fünf Jahren das Ende unseres Abenteuers bedeuten könnte, hat sich nicht bestätigt. Das Baby fügte sich auf eine sehr natürliche Art und Weise in unseren Nomadenalltag ein. In unseren Fotos haben wir ihre interessanten und amüsanten Tierbekanntschaften festgehalten. So entstand allmählich eine komplette Reportage über Afrika und Amazonien, die in französischen und ausländischen Medien Beachtung fand und uns ermutigte, unsere Reisen um den Globus mit unserem ersten Kind fortzusetzen. Bald kam das zweite, schließlich das dritte Kind hinzu. Die Lehrjahre

unserer Kinder sind geprägt durch Begegnungen mit außergewöhnlichen Tieren, denen sie von Jahr zu Jahr, von Kontinent zu Kontinent begegnen konnten. Unser »Familienalbum« ist zu einem Bilderbuch über die Fauna der Welt geraten, wobei die meisten Aufnahmen in freier Natur aus der kindlichen Perspektive aufgenommen wurden. Diese einzigartige Erfahrung möchten wir nun mit anderen teilen. Denn sie wirft wichtige Fragen auf. Diese Bilder zeigen die Schönheit und den Reichtum dieses Planeten, der es sehr wohl verdient, daß man sich näher mit ihm befaßt, aber nicht, um seine Ressourcen abzubauen und der Wirtschaft die Taschen zu füllen. Neben gewinnträchtigen Bodenschätzen hat uns die Erde auch ein lebendiges Erbe vermacht. Wir müssen das ökologische Gleichgewicht der Natur erhalten, und jeder, der dafür empfänglich ist und sich Zugang zu ihr verschaffen kann, wird sich an ihrer Schönheit erfreuen. An einer Schönheit, die sich nicht nur in entlegenen Naturparadiesen offenbart, sondern allgegenwärtig ist, in jeder Landschaft und in jeder Stadt, wo noch ein paar Pflänzchen zwischen den Steinen sprießen.

Wir hoffen, daß es uns gelungen ist, den Menschen in unseren Fotos in Einklang mit der Natur zu zeigen, nicht als Unterdrücker und Plünderer seiner Umwelt, sondern als ein Partner, der sich ihrer annimmt und sie schützt, denn von ihr hängt seine eigene Zukunft ab. Unsere Eltern, die heute im Ruhestand sind, haben uns eine Welt mit tiefen Spuren der Zerstörung hinterlassen. Unsere Generation hat einiges verbessert, aber der Raubbau an der Natur geht weiter. Unsere Kinder sehen das, was heute noch übrig ist. Aber in welchem Zustand werden sie dann eines Tages die Erde an ihre Kinder weitergeben?

AFRIKA

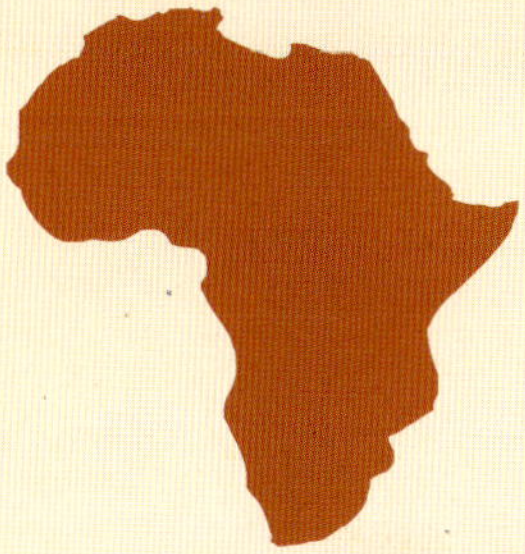

Die Ursprünge des Menschen liegen in Afrika, und nur auf diesem Kontinent hat das Großwild seine Ankunft überlebt. Wir machen uns auf den Weg, um einige Fotoreportagen über das Wildtiermanagement (Wildzucht auf der Ranch) und den aktuellen Stand verschiedener Artenschutzprojekte zu machen. Ein zehnwöchiger Aufenthalt ist geplant. Im September soll es losgehen, und unsere kleine Ariane, vierzehn Monate alt, nehmen wir mit. Die Route steht fest, wir haben einen recht geräumigen Campingbus gemietet. In der Meinung, daß wir unserem Töchterchen unterwegs einen Fixpunkt bieten müssen, haben wir ihr diese »Höhle« als Ruhepol zugedacht. Es kam aber anders: Papa, Mama und Didi, den Teddy – mehr brauchte sie nicht.
Wir hatten uns für das südliche Afrika entschieden, weil sich dort eine reiche, vielfältige Natur mit guten Infrastrukturen paart. Als frisch gebackene Eltern legten wir Wert auf gute Straßen und Dienstleistungen, und für den schlimmsten Fall mußte auch die medizinische Versorgung gewährleistet sein.
Schon am ersten Tag, nur zwei Stunden nach unserer Ankunft, gelingt uns ganz unverhofft eines unserer spektakulärsten Bilder von Ariane mit einem hinreißenden Spitzmaulnashornbaby im Wildschutzgebiet des südafrikanischen Agricultural Research Council (ARC).

BADEN MIT EINEM NASHORN

ARC-Wildschutzgebiet, Pretoria (Südafrika)

Das kleine Nashorn grunzt behaglich und wälzt sich im Schlamm. Papa fotografiert, und Ariane schaut zu. Ihr ist warm, und sie möchte auch baden gehen. Unschlüssigkeit seitens der Eltern. Wir geben nach und ziehen sie aus. Ohne Angst, aber sehr respektvoll faßt sie das Tier ins Auge und strebt mit vorsichtigen Schritten über den matschigen Boden auf die Schlammpfütze zu, wo sich das Nashornbaby immer noch genießerisch suhlt. Ariane zaudert noch, aber kaum gibt der Dickhäuter seine Badestelle einen Moment frei, läßt sie sich in die ziegelrote Pfütze plumpsen. Als der kleine Rhino zurückkommt, schubst sie ihn, nicht ohne Protest, mit einer unwirschen Handbewegung weg. Das ist jetzt mein Revier! Das Nashornbaby, um sein angestammtes Recht gebracht, schaut nur verdutzt ...

Leider bleibt diese Zweisamkeit zwischen Kind und Tier auf eine einzige Erfahrung beschränkt: Als wir zwei Monate später in Pretoria zurück sind, ist das niedliche Nashornbaby ganz versessen auf die Kraftprobe mit einem Menschen. Sie zusammen spielen zu lassen, kommt nicht in Frage. Die Sicherheit unserer Kinder geht immer vor.

SPIELE MIT LÖWENBABYS

Bei Bulawayo, Zimbabwe

In der Kalahari waren wir fünf Meter von den Löwinnen entfernt, als sie neben unserem Bus ihren Durst löschten. Ariane sah ihnen regungslos zu. Ganz anders verhält sie sich später im Krügerpark, als wir Zeugen einer Attacke werden. Mama auf dem Fahrersitz des stehenden Fahrzeugs, Papa auf dem Dach mit seinen Teleobjektiven, und Ariane spielt im Bus, unterhalb der Fenster, wo sie nicht sieht, was sich draußen anbahnt. Eine Herde halbverdursteter Zebras und Gnus nähert sich vorsichtig dem Wasserloch ...

Unruhe kommt auf, Gedrängel, Taktieren, und dann der Angriff. Ariane fängt an zu schreien! Ist es möglich, daß sie die plötzliche Panik unter den Tieren spürte, oder war es unsere Konzentration, die sie in Angst versetzte? Wie dem auch sei, sie hat alles verstanden.

Man empfängt uns auf einer Ranch. Die Besitzer erzählen uns voller Stolz von ihren gezähmten Löwen. Daß wir Ariane mit ausgewachsenen Raubtieren zusammenbringen, kommt aber nicht in Frage, so harmlos sie auch immer aussehen mögen. Wir begnügen uns damit, die prächtigen Tiere durch den Maschendraht zu bewundern. Die trägen Großkatzen würdigen uns keines Blickes. Ariane trödelt ein Stück hinter uns her. Und während die kleine Gestalt langsam näher kommt, duckt sich eine doch nicht ganz so dösige Löwin mit an-

Der Löwe, ein König auf dem Rückzug

Der König der Tiere ist ein Symbol der afrikanischen Großwildfauna. In unserer Fantasie hat der Löwe in der Natur dieses Kontinents seinen angestammten Platz. Dennoch macht er sich mittlerweile rar – angeblich leben dort kaum noch zehntausend Exemplare. Während er in größeren Nationalparks und Wildreservaten noch zahlreich vorkommt, ist er aus dem restlichen Afrika verschwunden. In Indien haben auch noch ein paar von ihnen überlebt – im Altertum erstreckte sich der Lebensraum des Löwen von Afrika über Griechenland bis nach Asien.

gelegten Ohren, wie zum Angriff. Ariane schreit: Sie hat die Bewegung bemerkt und spürt instinktiv die Gefahr. Als sie sich in die Arme ihrer Mutter gerettet hat, richtet sich die Löwin wieder auf, als sei nichts geschehen. Nur das Kind ist ein potentielles Beutetier, nicht der erwachsene Mensch. Unser Gefühl hat sich als richtig erwiesen. In Zimbabwe, bei Bulawayo, gab es ein paar verwaiste Löwenbabys. Sie waren zwei Monate alt, wurden mit der Flasche aufgezogen und standen uns friedlich Modell. Und wenn sich so ein süßes Kätzchen mal an Didi vergreift, wird am nächsten Tag doch wieder geschmust.

EINE BEGEGNUNG MIT DEN RIESEN VON DER IMIRE SAFARI RANCH

Marondera, Zimbabwe

In Zimbabwe lernten wir den Plantagenbesitzer Norman Travers kennen, der sich mit Leib und Seele diesem Land und seinen Tieren widmet. In den 1980er Jahren kam er auf die Idee, all den Tieren, die er 1930 durch seine Ankunft von der Ranch vertrieben hatte, ihre Heimat wiederzugeben. Aus den Nationalparks wurden ihm Elefanten und Spitzmaulnashörner geschickt: Tierbabys, die durch Wilderer ihre Mutter verloren hatten

und die er mit tatkräftiger Unterstützung seines afrikanischen Teams aufzog und domestizierte. Er reitet seine Elefanten sogar, obwohl man im allgemeinen annimmt, nur indische Elefanten ließen sich dressieren. Auch die angeblich so aggressiven Schwarznashörner folgen dort den freundlichen Afrikanern, die Jagdgewehre tragen – aber nur zum Schutz vor den Wilderern. Spektakuläre Bilder von Norman und seinem Team, die riesige Flaschen zum Frühstück verteilen, um die Tiere bei Laune zu halten, viel Optimismus und Begeisterung – das war ein toller Mix für unsere Reportage. Ariane hat vor diesen »großen Monstern« niemals Angst gehabt. Ganz ungefährlich war die Sache trotzdem nicht. Ein mächtiger, schwerer Dickhäuter, der mit langen Stoßzähnen versehen ist, kann mühelos einen erwachsenen Menschen töten. Es hat mehrere Unfälle auf der Ranch gegeben, die auf Unvorsichtigkeiten zurückgehen.
Bei diesen Kolossen muß man einfach immer auf der Hut sein. Dennoch haben diese Giganten mitunter ein Menschenleben gerettet. Wir hörten von einer großen, zwanzigjährigen Elefantenkuh, die dort unter dem permanenten Schutz der Ranger mit einer Herde Kaffernbüffel in Freiheit lebte. Eines Tages ging einer der Büffel zum Angriff auf einen der Männer über und hätte ihn sicher getötet, wäre die Elefantenkuh nicht dazwischengegangen.
Imire Ranch sollte ein Paradies für Tiere und Menschen werden. Aber die allgemeine Situation des Landes ist in den letzten Jahren so kritisch geworden, daß Einrichtungen dieser Art wohl keine Zukunft mehr haben.

KINDERSPIELE IM STRAUSSENNEST

Südafrika, Oudtshoorn

In einem Straußennest zu spielen ist bestimmt keine gute Idee. Die Eltern verteidigen ihr Gelege so erbittert, daß sich selbst Löwen manchmal geschlagen geben. In Südafrika ist die Straußenzucht ein Industriezweig. Für unseren Bericht haben wir mehrere Farmen besichtigt. Da die Instinkte bei diesen gefangenen Straußen verkümmern, konnten wir unsere kleine Tochter unbesorgt mit ihnen zusammenlassen.
Ein Straußenei wiegt fast ein Kilogramm – das entpricht etwa sechzehn Hühnereiern. Das Gelege des (graubraunen) Weibchens umfaßt bis zu fünfundzwanzig Eier, die tagsüber von der Mutter und in der Nacht von dem (schwarzweißen) Männchen bebrütet werden. Nach dem Schlüpfen rotten sich die Straußenküken zu Dutzenden (wenn nicht Hunderten) zusammen. In der Gruppe entwickeln sie sich rasch, sind aber – in der Natur – auch durch zahlreiche Räuber gefährdet.

IST DER DIEBISCHE RABE EIN VERWANDTER DER ELSTER?

ARC-Wildschutzgebiet, Pretoria (Südafrika)

Dieser intelligente schwarzweiße Rabe, auch Kapkrähe genannt, kam flügellahm ins ARC-Schutzgebiet und wurde gezähmt. Ariane zeigte ihm Didi, ihren Teddybären (der damals noch ganz weiß war), und der dreiste Vogel wollte ihn klauen. Da mußten wir schnell zur Rettung eilen.

Die Anfänge der Straußenzucht liegen in Oudtshoorn

In den 1990er Jahren nahm die Straußenzucht weltweit explosionsartig zu. Der Strauß liefert Federn, wertvolles Fleisch und Haut zur Gewinnung des charakteristischen Leders. Aber die Mode ist vorbei. In Südafrika ist die Straußenzucht hingegen seit hundert Jahren ein wichtiger, gut strukturierter Wirtschaftszweig mit stabilen Märkten und Preisen.

SO VIELE VÖGEL, GROSSE UND KLEINE

Südafrika

Im Verlauf unserer Tour, die uns von Norden nach Süden durch Südafrika führte, durchquerten wir die unterschiedlichsten Landschaften, von der Kalahari über den Krügerpark, wo wir in der sengenden Hitze immer wieder nach Badestellen (möglichst mit attraktivem Publikum) für Ariane Ausschau halten mußten, bis zur Kapregion, wo man im mediterranen Frühling an manchen Tagen die Windjacke gut vertragen kann. Der Tierreichtum dieses Landes ist enorm, doch auch die Größe der Populationen ist überwältigend.
Wir bewegen uns an der Grenze einer Tölpelkolonie, in Lambert's Bay, einem Fischerhafen am Kap. Dort besetzen die Verwandten unserer Bass-Tölpel eine Insel, die vom Festland her über einen Damm zugänglich ist. Der Ranger ermunterte uns, näher heranzugehen, da die Vögel zu dieser Zeit noch keine Nester gebaut hatten. Klein-Ariane war damals kaum größer als die Tiere.

Tölpel aller Art
The Cape, Südafrika
Der Bass-Tölpel selbst kommt nur im Nordatlantik vor, doch enge Verwandte von ihm leben am Kap und im australischen Raum. Den Namen verdankt er den spektakulären Sturzflügen, mit denen er seine Beute aus dem Wasser fischt.

Vor dem beeindruckenden Tafelgebirge am Kap der Guten Hoffnung erntet Ariane, die sich auf wackligen Beinchen in der Möwenjagd übt, nur spöttische »Lachsalven«. Diese großen, nicht sehr schnellen Vögel sind für Kleinkinder besonders interessant, mehr als die kleineren, flinkeren Arten, deren Bewegungen für die Beobachtungsweise von Kindern zu schnell sind. Es sei denn, man füttert sie.

DAS »AFRIKA DER KLEINTIERE« HAT AUCH SEINEN ZAUBER

Südafrika

Afrika ist das Reich der Antilopen. Im Verlauf einer ökologischen Explosion paßten sich diese Pflanzenfresser diversen Savannen- und Waldtypen an. Mehrere Dutzend Antilopenarten teilen sich den Kontinent. Das kleine Maxwellducker-Baby paßt sogar unter Arianes Beinchen hindurch. Aber seine große Cousine, die Elenantilope (auf Seite 29) kommt auf eine Schulterhöhe von einhundertfünfundsiebzig Zentimetern.
Zur Kategorie der Kleintiere gehört auch die Schleichkatze aus der Familie der Mangusten. Als Lebensraum bevorzugt sie die Wüstensteppe, wo sie in Gruppen lebt und Nager, Reptilien und Insekten jagt. Das gezähmte Exemplar auf dem Foto hat zwar ein imposantes Gebiß, war aber sehr sanft zu Ariane. Das reinste Schmusetier. Der erstaunte Besitzer versicherte uns, daß seine Katze zu einem Erwachsenen noch nie so zärtlich gewesen sei.

Ariane scheint hier das Fläschchen zu fordern, das jedoch nicht ihr, sondern dem Affen gehört. Beim Futter hört die Freundschaft auf. Als Ritas neuer Hausgenosse wird der kleine Pavian wie ein Baby der Einfachheit halber gewindelt. Obwohl Ariane keine Probleme mit den Pavianen hatte, blieb sie hier stets am Rand der Gruppe. Aber das änderte sich, als sie die Affen am Amazonas kennen lernte.

Rita Miljo, die Madonna der Paviane

Phalaborwa

Rita Miljo hat beschlossen, die zweite Hälfte ihres Lebens in den Dienst der Paviane zu stellen. Die Popularität, die Affen gemeinhin genießen, erstreckt sich für gewöhnlich nicht auf Paviane. In Südafrika, wo man sie zu Schädlingen abgestempelt hat, werden sie gejagt. Dagegen weist Rita auf die »Menschlichkeit« ihrer Schützlinge hin. Sie führte uns zu einer Gruppe wilder Paviane, die ohne Angst oder Aggressivität in Gemeinschaft mit den Menschen leben. Zusätzlich nimmt Rita die verwaisten Jungen getöteter Affen auf, um sie aufzuziehen und in eine neue Gruppe zu integrieren. Anläßlich unserer Reportage konnte Ariane sich den anrührenden Äffchen ohne Gefahr nähern.

SCHNAPPSCHUSS MIT ZEBRASTREIFEN

Reserve Kapama Safaris, Südafrika

Passend zu Arianes Hemdchen, das sie schon zu ihrer Geburt bekommen hatte, haben wir noch eine schicke Mütze aufgetrieben. Dann mußte nur noch das Zebra vorbeikommen ...
In der afrikanischen Version wäre Bambi das Junge einer Antilope. Genau wie Hirsche können Antilopen mit der Zeit aggressiv werden, selbst wenn sie mit der Flasche aufgezogen wurden. Man sollte immer auf der Hut sein. Ariane braucht keinen Rat, sie weiß instinktiv, wie sie sich verhalten muß: Ein Tier rennt auf sie zu? Kein Zutrauen! Aber wenn es sich langsam und zögernd nähert, kümmert sich unsere Tochter geduldig und hingebungsvoll um den Gast.

Von der Fluchtdistanz und ihrer praktischen Anwendung

Tiere in freier Wildbahn halten einen Sicherheitsabstand, die so genannte Fluchtdistanz. Bei Kindern neigen sie zu größerer Toleranz, wenn auch vor allem aus Neugier, denn so ein kleiner Mensch läuft ihnen nicht so oft über den Weg. Bemerkenswerterweise verbindet das Tier mit einem Autofahrer nicht dasselbe wie mit einem Fußgänger. Vorausgesetzt, daß es noch keine schlechten Erfahrungen hat, läßt es den Menschen im Auto viel näher heran. Genau das ist der »Trick« der Tierfotografen.

DIE GROSSEN HUFTIERE DER SAVANNE

Imire Safari Ranch, Zimbabwe

Die auf einem Termitenhügel thronende Ariane scheint in die falsche Richtung zu schauen: Die Giraffe ist doch da hinten links! Ein Kleinkind zeigt für alles Interesse, allerdings nie sehr lange. So haben wir Ariane insbesondere in ihren ersten vier Lebensjahren nur in Schnappschüssen für die Nachwelt verewigt. Die Giraffe könnte neben ihr stehen – unter dem Zauber eines Grashalms oder einer Ameise kann ein Kind den Rest der Welt vergessen.

Unsere unternehmungslustige einjährige Tochter macht uns viel Freude auf Reisen. Trotz einiger nächtlicher Eskapaden und verweigerter Mittagsschläfchen hilft uns ihr sonniges Gemüt über die unvermeidlichen Niederlagen unserer Fotoexpedition – kein Fotograf ist je vollständig zufrieden mit seiner Arbeit. Das Bild unten gehört zu unseren Favoriten: Ariane inmitten einer bukolischen Landschaft – so natürlich und unbefangen der Schöpfung gegenüber, wie es nur Kinder sein können.

Die Riesenelenantilope

Neben der mit ihr verwandten Derby ist die Riesenelenantilope die größte Antilope der Welt. Der Bock wiegt über eine Tonne. Die Pflanzenfresser der Savanne haben die Nahrungsressourcen unter sich aufgeteilt: Die einen wählen die Halme, die anderen die Blätter, je nach Vorliebe und Geschmack in verschiedenen Entwicklungsstadien. Diese Ergänzung ist fantastisch.

VORSICHT, ZAHMES FLUSSPFERD!

Moholoholo Wildlife Rehabilitation Center, Südafrika

1992, als wir zum ersten Mal dort waren, gab es weit und breit kein Flußpferd. (Bitte nicht mit dem Nashornbaby im Schlammbad verwechseln ...)
Das war die Aufnahme, die uns noch fehlte – letztendlich ist dieser massige, amphibische Pflanzenfresser ein Symbol der afrikanischen Fauna. Acht Jahre dauerte es, bis wir in einem Schutzgebiet in der Nähe des Krügerparks auf dieses niedliche, noch recht zahme Flußpferdbaby stießen. Ariane war zu diesem Zeitpunkt schon in Frankreich eingeschult. Aber Mahaut, ihre kleine Schwester, begleitete uns, und sie war gerne bereit, in die Bresche zu springen. Nur nicht in den Schlamm, denn es war Herbst und eher kalt.

Ein sehr gefährliches Schwergewicht

Obwohl es sich rein vegetarisch ernährt und tagsüber in Seen und Flüssen »auf der faulen Haut« herumliegt, gilt das Flußpferd als Afrikas gefährlichstes Säugetier. Wer ihm nachts, wenn es ans Ufer kommt, zwischen Wasser und Savanne über den Weg läuft, ist verloren.

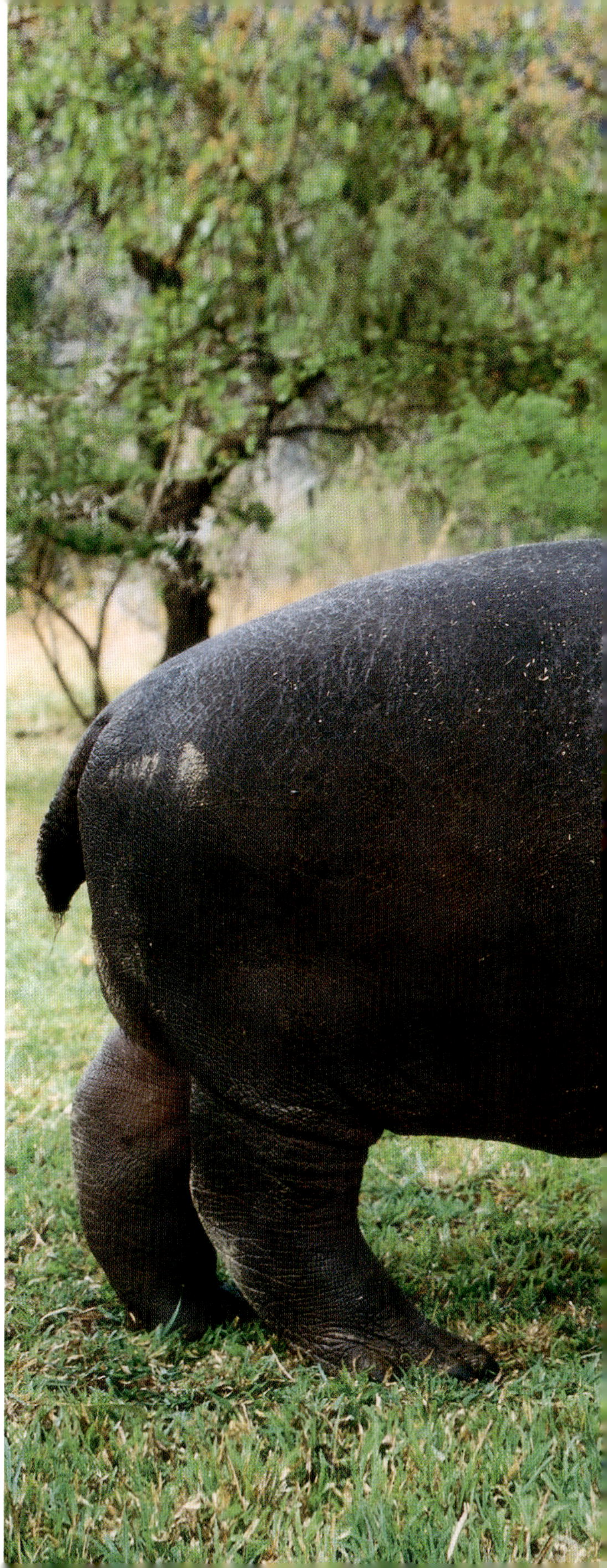

SÜDAMERIKA

Dieser Kontinent ist uns sehr vertraut. Die Mehrheit der Staaten Südamerikas hatten wir bereits ohne die Kinder besucht. Mit Ariane (und Corentin in Julias Bauch) haben wir uns auf Amazonien beschränkt, jene sagenhafte, riesige Dschungelzone, die sich vom Fuß der Anden bis zur Küste erstreckt und eine der grünen Lungen unseres Planeten bildet.

Aber auch in anderen zusammenhängenden Waldgebieten Südamerikas wimmelt es nur so von faszinierenden Arten, die sich vor den medienwirksameren Exemplaren Amazoniens nicht zu verstecken brauchen. Erwähnenswert ist der atlantische Regenwald Brasiliens, der allerdings bereits zu fünfundneunzig Prozent zerstört ist. Die Savannen im Norden und im Süden sind weniger bekannt, haben jedoch eine ähnlich geartete Tierwelt. An großen Säugetieren, die Afrikas und Asiens Stolz ausmachen, gibt es dort nur das Wasserschwein. Dieser große Cousin des Meerschweinchens ist mit seinen fünfundsiebzig Kilo Körpergewicht der König im Reich der Nagetiere. Spezifische Tiere von nennenswerter Größe, wie Nandus, Guanakos und Vikunjas leben noch in den Steppen der Anden und Patagoniens. Unsere Kinder haben sie nicht gesehen. Aber das ist nur eine Frage der Zeit und Geduld.

BEI DEN WOLLAFFEN VON MANAUS

Brasilien

Im Zentrum Amazoniens liegt Manaus, Landeshauptstadt und große Hafenstadt an der Mündung des Rio Negro in den Amazonas, mit einem enormen Handels- und Verkehrsaufkommen.
Wir wollten über eine Pflegestation für verwaiste Jungtiere berichten, deren Mütter Opfer der Wilderei geworden waren. Unser Hauptinteresse galt den Affen, die sich oft schwer aufziehen lassen. Die Projektleitung hatte ein holländischer Biologe, der zu seinen Gästen ungewöhnliche Kontakte pflegte. Die jüngsten Tiere nahm er nachts in seine Obhut, und die Älteren hatte er in eine Gruppe von Affen jedweder Couleur integriert, die in einem Waldstück am Rio Negro in Freiheit lebten. Unseren Dreikäsehoch Ariane, achtzehn Monate alt, haben diese Affen ohne weiteres als Mitglied ihrer Familie akzeptiert. Wir hätten nie gedacht, daß wir unsere Tochter mal einer Gruppe gezähmter Affen überlassen würden. Affen in Gefangenschaft, die oft mißhandelt werden, sind im allgemeinen aggressiv und gewalttätig, so daß sie zumindest für kleine Kinder eine Gefahr darstellen. Aber an diesem Ort regierte eine einzigartig vertrauensvolle Atmosphäre. Ariane wurde eine liebevolle, zärtliche Spielgefährtin und sogar die Schülerin des weißen, rotköpfigen Uakari-Weibchens, das sich der jungen Waisen mütterlich angenommen hatte.

Sind Wollaffen lebende Stofftiere?

Der Wollaffe Amazoniens hat ein dichtes, seidig glänzendes Fell. Er gehört zu den größten Affen Südamerikas. Seine Babys sind einfach hinreißend, und die Nachfrage ist groß. Trotzdem können diese Tiere gefährlich sein, weil das geschlechtsreife Männchen sehr stark wird und bissig ist. Wie viele südamerikanische Artgenossen haben Wollaffen einen Greifschwanz, den sie als fünfte Hand verwenden. So hangeln sie sich mühelos an einer Hand, einem Fuß oder am Schwanz von Ast zu Ast. Wissenschaftlichen Untersuchungen zufolge lernen die Jungen über längere Zeit hinweg in der Gruppe, wo sie sich mit Früchten und Blättern, die ihre Lebensgrundlage bilden, eindecken können.

ARIANE BADET, UND DIE AFFEN AM UFER SCHAUEN ZU

Manaus, Brasilien

Alle südamerikanischen Affen sind wasserscheu. Ein einziger Fluß kann mit der Zeit Populationen trennen und Arten auflösen. Als reine Baumbewohner kommen sie nur ausnahmsweise herunter. Diese Affen haben den Baum verlassen, weil sie von Menschenhand aufgezogen wurden. Aber die Wasserscheu ist ihnen angeboren. Verdutzt schauen sie dem »weißen Äffchen« zu, das sich da im lauwarmen Wasser erfrischt. Der »Miniaturstrauß« ist übrigens ein Agami, ein eigenartiger Laufvogel, der sich leicht zähmen läßt und lauthals singt. Die Waldbewohner fangen ihn ein, weil er sich im Hühnerhof Respekt verschafft und abends die Hennen ins Haus holt.

UM »AFFE« ZU SAGEN, KLOPFT SICH ARIANE AN DEN KOPF

Manaus, Brasilien

Einige Affen der Bande waren zutraulicher als andere. Der kleine Nachtaffe, Douroucouli genannt, hing ständig an einem Menschen, einem größeren Wollaffen oder einem Geoffroy-Klammeraffen. Als Ariane ihn sah, gab sie ihm über Zeichensprache zu verstehen, daß er sich auf ihrem Kopf niederlassen könne. Auf diesem komfortablen Hochsitz verbrachte der Affe den größten Teil der vier Tage, die wir für unsere Fotos vorgesehen hatten. Solange Ariane noch nicht eigene Worte einsetzen konnte, blieb das Klopfzeichen als Ausdruck für »Affe« in ihrem Vokabular.

Aus den Baumkronen um uns herum erschollen hin und wieder die durchdringenden Schreie der Aras. Wie tief Ariane davon beeindruckt war, bemerkten wir, als wir wieder in die Stadt kamen. Auf dem Flur im Hotel blieb sie plötzlich vor einem Bild stehen, streckte den Zeigefinger aus und überraschte uns mit einer gekonnten Imitation der Stimme des Großpapageien. Wer möchte da noch über die Herkunft der menschlichen Sprache streiten ...

Das Blickfeld eines Kleinkindes ist weit größer, als gemeinhin angenommen wird, und als im atlantischen Regenwald ein winziger goldgelber Kaiserschnurrbart-Tamarin geschickt wie ein Eichhörnchen die Stämme hinaufeilte, hat Ariane ihn sehr wohl bemerkt.

Arianes Papa bekommt einen Heidenschreck

Manaus, Brasilien

Die sozialisierten Affen im Zentrum von Manaus waren außerordentlich handzahm. Die Mehrheit suchte den Kontakt zum Menschen, den sie als angenehm und freundlich kannten. Aber eines Tages fuhr Roland der Schock in die Glieder. Ariane schrie, weil sie ihre Siesta nicht halten wollte, und zwar so laut, daß sie das besorgte Uakari-Weibchen alarmierte. Die Äffin, die dem neuen »Baby« beistehen wollte, sprang über vierzig Meter von Baum zu Baum und krallte sich, ihre zwei Zentimeter langen Hauer fletschend, an das Bein meines Mannes. Roland mußte ihr in aller Ruhe auseinandersetzen, daß Ariane sein Kind sei und nicht ihres, bis die Primatin endlich wieder im Wald und Ariane in ihrem Bettchen war.

WASSERSCHWEINE UND AGUTIS: VERWANDTE DES MEERSCHWEINCHENS

Manaus, Brasilien

Außer Affen leben in Brasilien auch viele Nagetiere. Eine bekannte Art ist das Meerschweinchen. Die Anden-Indianer haben es domestiziert und halten es als Haustier.
Agutis, die zur selben Familie gehören, leben ausschließlich im Wald. Sie sind hochbeiniger und deshalb schneller, und da sie keine Kostverächter sind, lassen sie sich gern mit Leckerbissen verwöhnen. Das plumpere Wasserschwein bevorzugt feuchte Zonen. Es schwimmt sehr gut und taucht sogar. Die Anaconda, der Caiman und der Jaguar sind seine Feinde; mit seinem kräftigen Gebiß kann es sich aber auch zur Wehr setzen.
Im Tier-Rehazentrum von Manaus folgt ein gerade erst entwöhntes Baby-Wasserschwein Ariane und interessiert sich für das Blatt in ihrer Hand.

HUCH, EIN TAPIR HINTERM BAUM!

Cachamey, Venezuela

Das Leben im Dschungel soll nicht einfach sein? Unsere Tochter hatte eigentlich keine Probleme. Nur die Eltern wittern überall Gefahren. Dabei könnte alles ganz friedlich sein; man muß höchstens ein bißchen auf die Insekten achten und wachsam sein.
Aber man kann nie wissen, was sich hinter dem nächsten Baum verbirgt. Die Wahrscheinlichkeit, auf einen Tapir zu stoßen ist allerdings gering; und wenn es doch mal passieren sollte, macht es auch nichts: Das über dreihundert Kilogramm schwere und größte Säugetier Südamerikas wird intensiv bejagt und ist so menschenscheu, daß es bei unserem Anblick sofort die Flucht ergreift. Trotzdem läßt es sich leicht zähmen, so daß wir in einem venezolanischen Stadtpark ein paar stattliche Exemplare in Freiheit bewundern konnten. Ariane war sehr beeindruckt von der Größe dieses Tapirs, der plötzlich hinter dem Baum auftauchte.

DER ZWERGAMEISENBÄR MIT DER LANGEN NASE

Punto Fijo, Venezuela

Der Tamandua mit seinem auffallend langen Rüssel ist kein Pflanzenfresser, sondern ernährt sich von Termiten und Ameisen. Um deren Nester aufzubrechen, bedient er sich seiner kräftigen Krallen, an denen die Insekten haften bleiben. Er muß sie dann nur ablecken. Einheimische Kinder beobachten das harmlose Tier manchmal am Wegesrand. Diese hier, die vor ihrer Schule Schlange stehen, achten mehr auf Didi ...

BRASILIEN IM FARBENFEUER SEINER VOGELWELT

Aufgrund der schwierigen Reisebedingungen und der eher knapp bemessenen Zeit hatte Ariane kaum eine Gelegenheit, die farbenprächtigen Vögel Amazoniens kennen zu lernen. Schade um all die Aras, Ibisse, Rotibisse, Amazonen und sonstige Wunder, von denen sie nur einen flüchtigen Blick erhaschen konnte. Sie durfte nur noch die Federn aufsammeln, die unter den Bäumen einer verwaisten Vogelkolonie auf dem Boden herumlagen.

Jahre später, als wir nochmals im atlantischen Regenwald Station machten, freute sich die kleine Mahaut über die schwarzköpfigen Hokkohühner, im Volksmund Schakuhühner, die sie dort kennenlernte.

Ein später Trost: Als wir in Ozeanien, dem zweiten Kontinent der Papageien, waren, konnten unsere Kinder die spektakulären Vögel in ihrer ganzen Vielfalt bewundern.

AUSTRALIEN

Australien lockte uns seit Jahren. Im Jahr 1994 war es schließlich soweit, und wir nahmen uns die Zeit, die uns angemessen schien: zwei Expeditionen à drei Monate und dazwischen ein Monat Pause in Frankreich. Ein Mietauto kam für einen derart langen Zeitraum nicht in Frage; wir kauften ein Wohnmobil. Ein Exemplar, das wie ein umgebauter Minibus aussah, war ideal für uns. Wir waren zufrieden, obwohl der Platz für vier Personen und rund hundert Kilo Material eher knapp bemessen war. Aber je kleiner die Abmessungen, desto mobiler würden wir sein.

Australien ist ein unendlich weites Land. Nach über vierzigtausend Streckenkilometern kamen wir, eher frustriert, nach Sydney zurück, hatten wir doch nur einen Bruchteil all dessen gesehen, was einem dieser wunderbare Kontinent zu bieten hat. Zum Glück fanden wir keinen Interessenten für unseren Bus. Ein Bekannter besorgte uns eine Garage, wo wir das Fahrzeug bis zu unserer Rückkehr aus Frankreich abstellen konnten. Und dann wurden es ganze fünf Jahre, aufgeteilt in acht Touren, insgesamt einhundertfünfundvierzigtausend Kilometer, bevor wir dem australischen Kontinent – zunächst jedenfalls – wieder den Rücken kehrten. Ein ganzes Leben würde nicht ausreichen, um all diese Straßen, Pisten, Urwälder, Wüsten und Meere zu erkunden.

KÄNGURUHS JEDWEDER ART BEVÖLKERN DEN KONTINENT

Im Grunde gibt es nicht »das« Känguruh, sondern verschiedenste Arten, die nach Größe, Form und Farbe variieren und von Australien bis Neuguinea alle Lebensräume besetzen. Einige Känguruhs sind groß wie Menschen, wenn sie sich auf ihre Hinterbeine stellen, andere sind kleiner als Kaninchen. Allen Känguruhs gemeinsam ist die unverwechselbare Silhouette mit überlangen, kräftigen Hinterbeinen. Beim Gehen stützt das Känguruh sich auf die Vorderbeine und stößt sich gleichzeitig mit den Hinterbeinen vom Boden ab. Im »Laufschritt« springt es nur mit den Hinterbeinen und benutzt den Schwanz zum Ausbalancieren. Gemeinhin vermutet man Känguruhs am Wüstenrand; aber sie sind flexibel und passen sich wechselnden Bedingungen an.

Der Lebensraum des ostaustralischen grauen Riesenkänguruhs (auf dieser Doppelseite) erstreckt sich von der Küste bis zu den Ausläufern der zentralen Wüstenregion. In den östlichen Gebirgsketten steigt es bis zur Schneegrenze hoch, und wenn es nicht daran gehindert wird, dringt es sogar über die Außenbezirke bis ins Innere der Städte vor.
Weil die Ausflügler aus der Stadt die Tiere auf den Picknickplätzen in den Naturparks ständig füttern, kommt es oft zu Auseinandersetzungen mit den Rangern, weil die Känguruhs auf diese Weise abhängig und aggressiv werden könnten. Von Natur ist das Känguruh nicht aggressiv; es ist jedoch sehr kräftig gebaut und hat messerscharfe Krallen. So besteht die Gefahr, daß es sich seine Nahrung mit Gewalt holt. Unsere Kinder wissen, daß sie Attacken von Känguruhs und anderen gezähmten Tieren vorbeugen können, wenn sie ihnen die leeren Handflächen entgegenstrecken.

IN BRISBANE WERDEN KOALABABYS IN EINEM SCHUTZGEBIET MIT DER FLASCHE AUFGEZOGEN

Queensland

Der Koala, ein Kuscheltier? Irrtum. Er ist vor allem ein Wildtier und hat ganz und gar nicht den Charakter, den wir unserem Teddy zuschreiben. Dieser Baumbewohner besitzt scharfe Krallen, und ausgerechnet bei diesem Tierbaby passierte das, was nicht passieren sollte: Als der kleine Koala an Ariane hochkletterte, hat er ihr die Wange zerkratzt. Die Sache war völlig harmlos und hat bei Ariane weder körperliche noch seelische Spuren hinterlassen. Es war aber wohl doch ein Fingerzeig, daß wir vorsichtiger sein müssen.
Einst hat man dem Koala in Ostaustralien wegen seines seidigen Fells gnadenlos nachgestellt. Später wurden die Eukalyptuswälder in Ackerland verwandelt, und er fand keine Nahrung mehr.
Seit Koalas unter Artenschutz stehen, haben sich die Bestände so weit erholt, daß sie stellenweise überhandnehmen. Anderswo werden sie durch den Ausbau der

»Beutel« sind weiter verbreitet als angenommen

Känguruhs, Koalas und Opossums gebären ihre Jungen in zwei Etappen – von der Gebärmutter wechseln sie nach der Geburt in den Beutel. Beuteltiere sind Wahrzeichen Ozeaniens (in Amerika gibt es nur Opossums), weit bekannter sind jedoch die größeren, origineller aussehenden australischen Beuteltiere. Außer Ratten, Mäusen und Fledermäusen hat kein Säugetier der modernen Zeit von allein in diese Region gefunden. Schon vor der Ankunft der Menschen hatten Beuteltiere alle ökologischen Nischen besetzt, wobei ihr Aussehen an die entsprechenden Säugetiere bei uns erinnerte. Es gab einen Beutelwolf, und es gibt heute noch »Katzen« in Gestalt von Mischwesen aus Hauskatze und Ginsterkatze, sowie kleine Insektenfresser.

Infrastrukturen und den zunehmenden Autoverkehr bedroht (unser kleiner Koala, der mit der Flasche aufgezogen wird, verlor seine Mutter durch einen Verkehrsunfall), und die Seuchen, die von Haustieren eingeschleppt wurden, geben ihnen den Rest.

OPOSSUMS UND KUSUS, KLEINE BAUMBEWOHNER

Brisbane, Queensland

Wie aus einer Baumhöhle nach einem verschlafenen Tag taucht der Gleitbeutler aus Arianes Hemdkragen. Er ernährt sich von Blütennektar und Insekten. Fliegen kann er nicht; er kann jedoch dank einer Flughaut, die sich zwischen Vorder- und Hinterfüßen aufspannt, von Baum zu Baum gleiten – mit dem Schwanzwedel als Orientierungshilfe. Das mit einem Greifschwanz versehene sanfte Opossum lebt auf Bäumen und ist in Queensland verbreitet. Leider hat man es nach Neuseeland exportiert, wo es keine natürlichen Feinde hat, sich hemmungslos vermehrt und das ökologische Gleichgewicht gefährdet: Es vergreift sich an Nestvögeln und behindert die Regeneration der Wälder.

DIE ZÄRTLICHKEIT DER FLUGHUNDE

Currumbin, Queensland

Flughunde, die sich alle rein vegetarisch ernähren, sind Fledertiere und von Afrika über Ägypten und Indien bis nach Ozeanien verbreitet. Morphologisch besteht zwischen dem Flughund und den Fledermäusen in den gemäßigten Breiten ein deutlicher Unterschied. Evolutionstheoretisch stehen sie den Primaten, also uns, näher als ihren primitiveren Verwandten, die wiederum Insektenfressern (Igel und Spitzmäuse) ähnlich sind. Groß, mit spitzem Mäulchen und großen, ausdrucksvollen Augen ähnelt der Flughund einem Fuchs, weshalb die Engländer ihm den Namen »flying fox« verpaßt haben. Im Zoo von Currumbin lebte ein gezähmtes Exemplar, der Inbegriff des freundlichen, neugierigen, intelligenten Fledertiers. Blutrünstig? Von wegen.

Plädoyer für die Fledermaus

Wenn man vom südamerikanischen Vampir absieht, der sich selten mal an einem Blutstropfen gütlich tut, ist die Fledermaus besser als ihr Ruf. Nie würde sie jemanden angreifen, und sie ist bekanntlich eine ausgezeichnete Insektenjägerin. In den Tropen leben zahlreiche Fledermäuse, die sich nur von Früchten ernähren.

DIE SITTICHFÜTTERUNG ALS TOURISTISCHE HAUPT-ATTRAKTION

Nationalpark Lamington, Queensland

In Australien hat der Papagei seinen angestammten Platz, zumal er nicht gejagt wird und aus der agrarwirtschaftlichen Entwicklungen oft Nutzen zu ziehen weiß. Und weil die Australier ihre Wildtiere ach so gerne füttern, gibt es zahlreiche Parks und Wildgehege, wo die zutraulichen Vögel in ihrer Sprache die unmißverständliche Frage stellen: »Habt ihr denn nichts für mich?«

Rotblaue Pennantsittiche, rotgrüne oder grüne Königssittiche: Das farbige Gefieder läßt die Vögel optisch mit der Natur ihrer Urwälder verschmelzen. Komische Art, sich zu verstecken ... Im Lamington-Nationalpark können sich die Besucher den Papageien auf zwei verschiedenen Wegen nähern. Hier die »wilde« Route mit den herrlichen Parklandschaften, wo die Sittiche wie rote Blitze über einer Lichtung zucken, um gleich darauf im Schatten der riesigen Eukalyptuswälder zu erlöschen. Für die »touristische« Alternative sorgt das Team des fast hundertjährigen Parkhotels O'Reilly vor Ort, mit organisierten, angeleiteten Fütterungen.
Ariane konnte nicht genug bekommen von den bunten Pfeilen, die ihr ständig um den Kopf schwirrten. Tiere füttern, mit ihnen zusammensein, Anteil nehmen, das gefällt ihr am meisten. Was zählen schon die unzähligen Spuren der feinen, scharfen Krallen auf der Haut. Sie ist genau darauf bedacht, daß gerecht geteilt wird. Stellt sie fest, daß ein Sittich vernachlässigt oder gar vergessen wird, nimmt sie sich seiner an und sorgt dafür, daß er seinen Anteil bekommt. Ihre Geduld ist grenzenlos. Corentin, erst achtzehn Monate alt, ist nicht so ruhig. Ständig tapst er um seine Schwester herum, haarscharf an diesem und jenem Vogel vorbei. Aber Vögel, die in Freiheit leben, haben noch ihre natürlichen Reflexe und erkennen rechtzeitig die Gefahr.

Australien hat die größten und vielfältigsten Papageipopulationen

Ozeanien und Südamerika sind wahre »Papageienkontinente« mit einem großartigen Spektrum aller Größen, Farben und Formen. Viele Papageien passen sich in Gefangenschaft an eine fast menschliche Ernährungsweise an, mit der sie gut – und lange – überleben. Seit Jahrhunderten haben die Seefahrer Kakadus, Aras und Amazonen um den Globus transportiert.

BAD GIRL OF
TIGNES

KAKADUS IN HÜLLE UND FÜLLE

Der majestätische Kakadu mit den hübschen Federhauben prägt die australische Natur mit einer unverwechselbaren Silhouette, unverkennbaren Schreien und bemerkenswerten Flugkünsten. Rund fünfzehn Arten teilen sich den Kontinent, in der gesamten Farbskala vom klassischen Weiß-Rosé bis hin zu den selteneren schwarzen und grauen Exemplaren. Einige sind durch die Ankunft der weißen Siedler rar geworden, und andere haben davon so stark profitiert, daß sie sich wie die Stadttaube zu einer Plage entwickelten. Mal ist der Vogel das kluge, sympathische Haustier, mal ist er die verhaßte »Luftratte«, die dezimiert werden muß. In unseren Reportagen untersuchen wir immer beide Seiten einer Medaille.

DER SCHREI AUS DEM BUSCH

Wildlife Sanctuary Featherdale, Region Sydney

Kookaburra! Ein spöttisches Lachen dringt durch einen typischen Morgen im australischen Busch. Die Stimme gehört dem „Lachenden Hans", der mit seinem enormen Schnabel alles attackiert und verschlingt, was ihm unterkommt – kleine Kinder bleiben allerdings verschont. Raubtiere sind jedoch bekanntlich mit potentiell gefährlichen Waffen ausgestattet und in ihrem Verhalten nicht hundertprozentig berechenbar. Als ein großer Adler im Nationalpark des Nordterritoriums unsere Tochter freundlich beäugt, wahrt sie ihre Distanz.
Es bleibt beim kurzen Augenkontakt eines Vogels mit bohrendem Blick und eines neugierigen, aber doch vorsichtigen Kindes.

Adler in Lebensgemeinschaft mit ... Kaninchen

Darwin, Nordterritorium

Als natürlicher Freßfeind kleiner Säugetiere hat zumindest der australische Adler von der Karnickeleinfuhr auf den Kontinent profitiert. Ansonsten war es kein gutes Geschäft, wie es die Umweltschäden durch Kaninchenfraß beweisen.

VÖGEL, DIE MAN SONST NIRGENDS FINDET

Adelaïde, Südaustralien

Von den achthundert in Australien heimischen Vogelarten haben wir nach und nach einen großen Teil zu Gesicht bekommen. Ungemein stolz stellt der Leierschwanz während der Balz seine prächtigen Schwanzfedern auf. Seine Stimme ist noch bemerkenswerter. Als einer der weltweit besten Stimmenimitatoren kann er die Geräusche des Waldes (egal ob natürlichen oder künstlichen Ursprungs) perfekt nachahmen. Ganz anders im Stil präsentiert sich der Eulenschwalm, der mit unserem Ziegenmelker verwandt ist und sich dank seines braun schattierten Gefieders unauffällig in seine Umgebung einfügt – bis er seinen gewaltigen Schnabel aufreißt.

DER AMEISENIGEL, EIN HÄUFIGER WEGGEFÄHRTE IN AUSTRALIEN

In Australien legt man große Entfernungen zurück, denn dieser Kontinent ist immens. Gelegentlich kommt es dabei zu interessanten Begegnungen, zum Beispiel mit Ameisenigeln, die mitunter die Straße überqueren. Naht ein Auto, erschrecken sie und rollen sich zur Kugel ein, wie die Igel, denen sie ähneln. Dann kann man die Stacheln ungestört aus der Nähe begutachten.

DER VETTER, DAS SCHNABELTIER, IST NOCH FREMDARTIGER

Tasmanien

Ameisenigel und Schnabeltiere sind eierlegende Säugetiere; der wissenschaftliche Name lautet Monotremata (Kloakentiere). Das primitivere Schnabeltier hat einen Entenschnabel, lebt in Fließgewässern und muß die Eier in unterirdischen Gängen ausbrüten. Der Ameisenigel mit der röhrenförmigen Schnauze brütet seine Eier in ein paar Stunden aus. In beiden Fällen wird der Nachwuchs nackt und blind geboren und leckt die aus den Zitzen tropfende Milch vom Bauch des Muttertiers ab. Ist das primitiv? Ihrem Milieu sind sie perfekt angepaßt. Im übrigen haben sie ihren importierten Feinden (Hund, Katze, Fuchs) besser als manch ein Beuteltier und besser als die anatomisch höher entwickelten Nagetiere getrotzt. Auch vermeintlich primitive Lebensformen passen sich an.

EIN TEUFLISCHER VETTER DES KÄNGURUHS IN HYÄNENGESTALT

Mole Creek, Tasmanien

Das Großmaul dort ist ein Beutelteufel. Man vermutet, daß er sich nach der Einführung des Dingos aus Australien zurückzog. Seit einigen tausend Jahren lebt er nur noch auf der großen Insel Tasmanien. Wenn überhaupt, ist das scheue, unauffällige Tierchen ein eher »braves« Teufelchen, und der Name bezieht sich nur auf seine unangenehmen, nächtlichen Heuler. Das fleischfressende Beuteltier hat zwar ein bemerkenswert ausgeprägtes Gebiß, ist aber ein miserabler, schwerfälliger Jäger. Als Aasfresser ist er jedoch unschlagbar.

EIN BILBY ALS OSTERHASE

Alice Springs, Nordterritorium

Daß die heimischen Beuteltiere gegen Nahrungsfeinde wie Katzen oder Füchse keine Chance hatten, liegt auf der Hand. Wie die importierten Pflanzenfresser die Umwelt geschädigt haben sollen, ist jedoch nicht ohne weiteres zu belegen. Alles ist eine Sache des ökologischen Gleichgewichts. Das Wild hat mit seinen Hufen Pflanzen zertreten, denen die kräftigen Hinterbeine der Känguruhs nichts anhaben konnten, und die Kaninchen taten sich an jungen Pflanzen gütlich. Dadurch wurde den einheimischen Kleintieren die Lebensgrundlage entzogen. Umweltschützer würden die Kaninchen am liebsten »in die Wüste schicken«. Vergeblich. Mit einem Kinderbuch, das für Bunnys Ablösung durch ein Beuteltier, den sympathischen, langohrigen Bilby, wirbt, konnte man die Öffentlichkeit wenigstens für punktuelle Maßnahmen gewinnen. Doch nachdem fünfundneunzig Prozent seines Bestandes durch Kaninchenfraß verschwunden ist, leben Bilbys heute nur noch in einigen ökologischen Nischen, wo es weder Kaninchen noch Füchse gibt.

DER GELBE DINGOHUND WURDE NACH AUSTRALIEN EINGESCHLEPPT

Uluru (Ayers Rock), Nordterritorium

Der Dingo ist alles zugleich: Er war der Hund der Ureinwohner, er ist der Stolz des modernen Australiens, mal steht er unter dem Schutz des Gesetzes, mal wird er ganz legal abgeschlachtet; und weil er sich mit streunenden Hunden mischt, droht er ganz auszusterben. Der erste Hund, der mit den Polynesiern vor rund zwanzigtausend Jahren nach Australien migrierte, stand an erster Stelle einer langen Reihe von Tierimporten, die auf das jeweilige Ökosystem gravierende Auswirkungen hatten.

Unsere illustrierten Bordbücher

Um ihre Reiseeindrücke für Schulkameraden und zur eigenen Erinnerung festzuhalten, bringen die Kinder sie zu Papier, jeden Tag, genau wie wir. In Australien kommen die zahlreichen Abbildungen aus den Broschüren und Faltblättern für Touristen hinzu, was dann in Kombination mit kleinen Fundstücken aus der Natur zu einem wunderschönen, bebilderten Album zusammengestellt wird.

DIE RIESIGE GESPENSTSCHRECKE IST VÖLLIG HARMLOS

Darwin, Nordterritorium

Bei Darwin, im Naturpark des Nordterritoriums, wird eine riesige, aber harmlose Gespenstschrecke zum Objekt kindlicher Neugierde. Das zerbrechliche, langsam schreitende Gebilde hat an sich nichts Furchterregendes. Zur Verwunderung der Kinder ist das Tier kaum von den Zweigen und Blättern ringsherum zu unterscheiden. Etwas weiter, in Katherine, hat dann ein Bussard so eine Schrecke gefangen und sie auf einem Baum in der Nähe unseres Picknickareals verspeist.

FLIEGEN ODER TERMITEN: DIE ALLGEGENWART KLEINER INSEKTEN

Wenn es in Australien ein Tier gibt, das sich nicht unterkriegen läßt, dann ist es die Fliege. Fliegen sind überall, noch im entlegensten Winkel der Wüste. Und man kann sie nicht loswerden, sie versuchen, in die Nase und den Mund einzudringen ... Corentin läßt sich dadurch nicht den Appetit verderben; ihn stören sie nicht.
Die Termiten hingegen beschränken sich auf den feuchten, tropischen Norden Australiens, wo sich verschiedene Arten den Lebensraum untereinander teilen. Man kann sie durch die unverwechselbaren Baumerkmale ihrer spektakulären Kolonien gut auseinanderhalten. Termitentürme können drei Meter hoch aufragen, und Ariane wirkt daneben zwergenhaft klein.

Bedrohte Urwälder

In Dokumentarfilmen und auch sonst wird der Dschungel stets als ein hervorstechendes Merkmal der australischen Landschaft dargestellt. Dabei sind diese großartigen Wälder geographisch auf einige Küstenstreifen im Norden begrenzt. Ebenso gut könnte man die Crau-Wüste als prägende Landschaft Frankreichs bezeichnen oder das Wattenmeer als typisch für Deutschland, nur weil sie dort irgendwo existieren. In diesen ständig schrumpfenden Dschungelgebieten leben zahlreiche Arten, die sonst nirgendwo auf der Welt vorkommen. Manchmal verschwinden sie im Zuge der agrarwirtschaftlichen und touristischen Entwicklungen. Wissenschaftlicher Untersuchungen lassen befürchten, daß die Erwärmung der Erdatmosphäre um zwei Grad Celsius innerhalb der nächsten fünfzig Jahre den Verlust von fünfundzwanzig Prozent dieser Biodiversität zur Folge hätte.

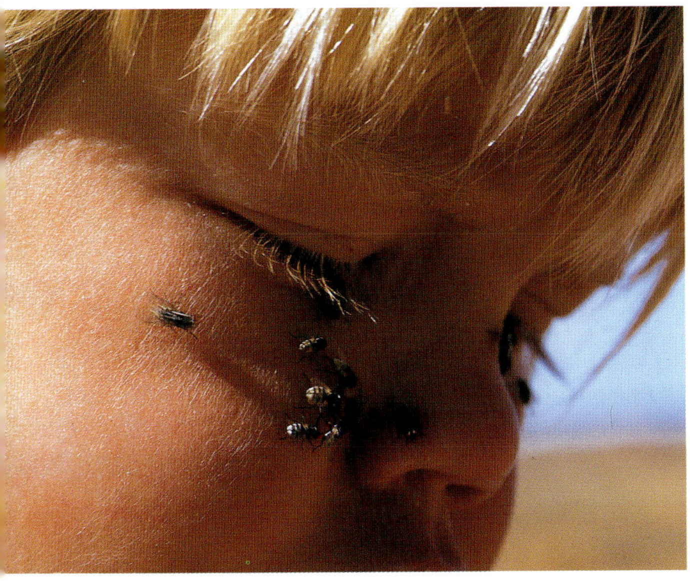

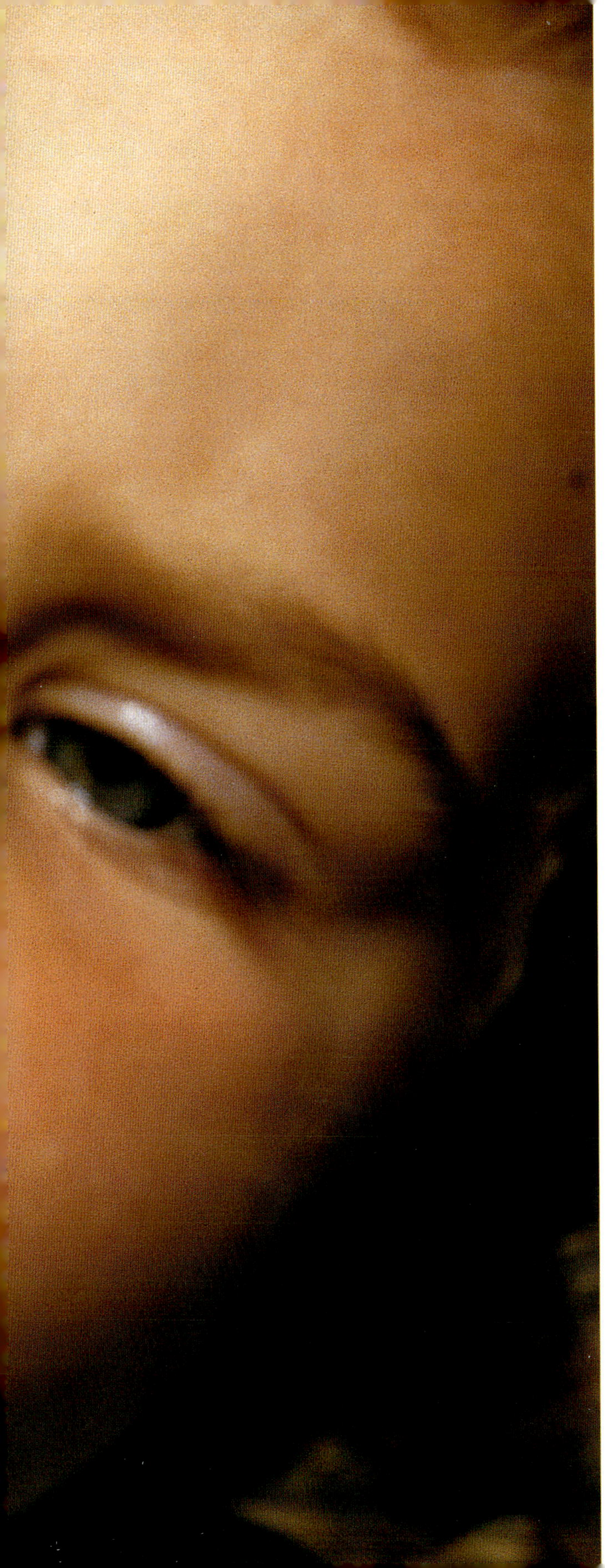

SCHMUCKINSEKTEN

Byron Bay und Kuranda, Queensland

In Australien herrscht kein Mangel an »drolligen Viechern«, und angesichts dieser paradoesischen Fülle haben wir uns natürlich nicht auf Säugetiere und Vögel beschränkt. Unsere kleine Tochter ließ sich die »Viecher« über den Körper kriechen, sobald sie sich bei uns von deren Harmlosigkeit überzeugt hatte. Von diesem malerisch gezeichneten Rosenkäfer war sie besonders angetan. Die dicke, braune Raupe mit den weichen Stacheln wird sich demnächst verpuppen und als prächtiger schwarz-smaragdgrüner Vogelflügler wiederkommen.

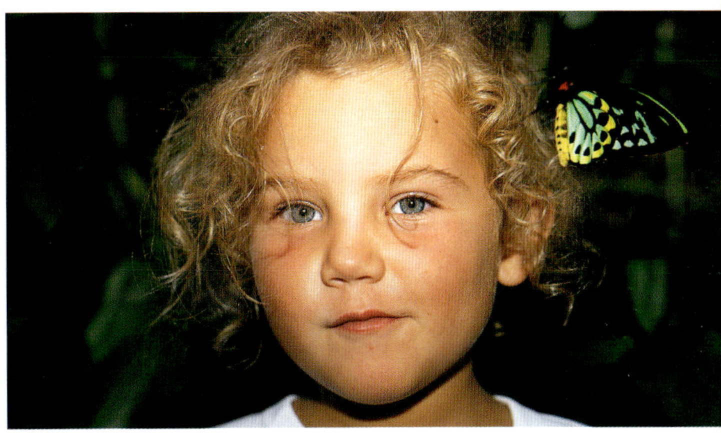

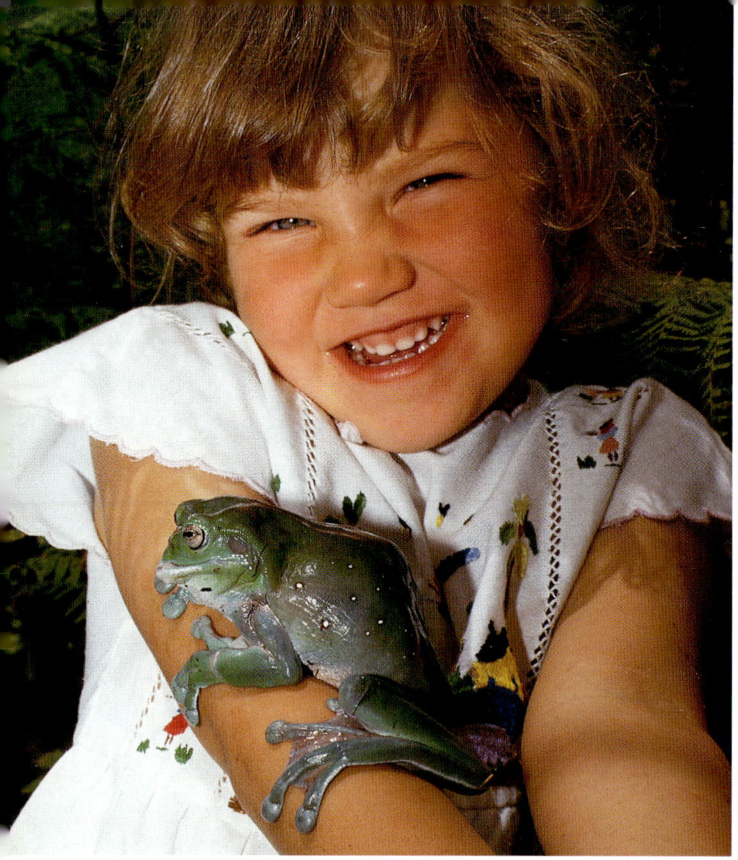

NUR WER IHRE SEIDIGE HAUT NICHT KENNT, FÜRCHTET SICH VOR AMPHIBIEN UND REPTILIEN

Mit der Zeit ging Ariane auf Distanz zu gewissen Tieren, Spinnen beispielsweise, wobei man sagen muß, daß dieses Verhalten auf kulturellen Einflüssen und nicht auf dem natürlichen Instinkt beruht. Zuvor war sie, wie ihr Bruder, allerdings mit unserer Zustimmung, mit jedem Reptil, das uns über den Weg lief, auf Tuchfühlung. Eidechsen und Frösche sind für Kinder perfekt. Sie sind nicht zu groß, eher langsam, sie sind farbig und lassen sich nach einer gewissen Anlaufzeit sogar streicheln. Trotzdem haben wir die den Kindern nicht als neue »Haustiere« vorgeschlagen, denn sie bedürfen einer artgerechten Haltung.

DER HARMLOSE STACHEL-MOLOCH, EIN NATÜRLICHES KLEINOD

Alice Springs, Nordterritorium

Trotz ihres fremdartigen Aussehens – manche finden sie gruselig – hat diese winzige Wüstenechse Ähnlichkeit mit einem hinreißenden »Plüschtier«. Die spitzen Dornen sind weich, sie hat ein goldiges Köpfchen mit riesengroßen Augen und trägt einen wunderschönen Anzug. Dieses harmlose Tier scheint sich wie im Zeitlupentempo zu bewegen, auf der Suche nach den winzigen Ameisen, die nur in sechs Arten vorkommen und von denen es jeden Tag zehntausend Stück zum Überleben braucht. Zu größeren Reptilien wie Meereskrokodilen oder Waranen sollte man jedoch besser auf Distanz bleiben.

ASIEN

Auf der Route nach Australien liegt Südostasien. So haben wir Hongkong, Singapur und Bangkok im Transit entdeckt. Am längsten blieben wir in Malaysia, wo es uns an Stoff für Reportagen nicht mangelte, beherbergt es doch, dank seiner besonderen Situation, nach wie vor die wichtigsten Vertreter der typischen Fauna Asiens. Nachdem wir schon große Teile der Welt erkundet hatten, sollten unsere Kinder sich hier ein weiteres Bild von der Vielfalt unseres Planeten verschaffen.
Von Mai bis Juni durchquerten wir von Sydney aus den Malaiischen Archipel und Sabah, den Staat im Norden von Borneo. Das schwülwarme Klima im äquatorialen Regenwald ist zwar als Reisewetter nicht ideal, aber Malaysia ist noch ein friedliches Land mit zuverlässigen Infrastrukturen und einem gut ausgebauten Netz von Tierreservaten und Nationalparks. Von der Gast- und Kinderfreundlichkeit der Einwohner ganz zu schweigen. Alle Voraussetzungen einer »einfachen« Reise waren gegeben, selbst wenn sich die Spur der Verwüstung, die ein Zyklon durch das »Dschungelcamp« gezogen hatte, tief in das Gedächtnis unserer jungen Globetrotter grub. Aber diese negativen Eindrücke wurden später durch zwei ausgesprochen angenehme Reisen in dieselbe Region verdrängt.

ASIATISCHE FOTOSAFARI MIT TIGER

Taiping, Malaysia

Auf Einladung des Zoodirektors in Taiping stellen wir uns zum Gesundheitscheck einer Tigerin ein, die eigens dafür in einen Käfig gesperrt worden war. Zwei Tigerbabys, drei Monate alt, bleiben allein im Gehege. Wir können hinein, müssen aber Abstand halten. Die Kleinen sind nicht gezähmt und haben Angst. Ein Tigerchen verschwindet unter den Sträuchern, während das andere in höchster Not knurrt und faucht. Corentin ist total eingeschüchtert, und Ariane ist auch nicht wohl in ihrer Haut. Aber dann nehmen beide ihren Mut zusammen und schleichen sich mit ihren neuen Einwegkameras im Schutz einer gewaltigen Baumwurzel an sie heran, um ein ordentliches Foto zu schießen, wie es sich für eine Safari gehört.

ÄQUATORIALE DSCHUNGEL-GEBIETE UNTER WASSER

Region Tagan Megara, Malaysia

Im Naturreservat Sungai Dusun legt ein Ranger ein verstoßenes Otterjunges, das er mit der Flasche aufzieht, unserer gerührten Ariane in den Arm.
Zwischen zwei Fußwanderungen erkunden die Kinder vom Kanu aus den großen, zentral gelegenen Nationalpark Teman Negara. Wir entdecken die Fährte eines Tigers; er selbst läßt sich natürlich nicht sehen, da er den Menschen meidet und sich nur im Notfall, wenn die Natur ihm keine Nahrung bietet, am Vieh vergreift.
Das undurchdringliche Grün, das den Blick auf die Tiere versperrt, wird durch einen so genannten Canopy-Walk »geöffnet«: eine Hängebrücke, die vierzig Meter über dem Boden durch die Baumkronen führt. Da oben sehen wir einige Vögel und sogar einen Gibbonaffen. Und für die Kinder war der Spaziergang auf dem schaukelnden Gerüst das schiere Vergnügen!

Gibt es Hoffnung für den Tiger?

Es sieht nicht gut aus für den Tiger. Einst war er in Europa heimisch, genauer gesagt in der Türkei. Heute kommt er nur noch in Asien vor. Zwischen Indien, Indonesien und der Mandschurei im Norden haben kaum fünftausend Tiger überlebt. Die Gründe für den Rückgang sind abgeholzte Wälder, zerstückelte Lebensräume und Wilderei, denn sein Fell ist so kostbar wie die Knochen, die in der traditionellen chinesischen Medizin verwertet werden. Sheer Khan, der König des Dschungels, herrscht nur noch über die letzten Reste der geplünderten Wälder, wo er kaum noch Nahrung findet.

ARIANES BAD MIT DEM ELEFANTEN

Kuala Krau, Malaysia

Dem Schutz der Nationalparkverwaltung von Malaysia unterstehen wahre Naturparadiese. Die Verantwortlichen haben unsere Arbeitvielfältig unterstützt und uns einen Besuch im Elefanten-Trainingslager in Kuala Krau ermöglicht. Dort werden die Elefanten mit sanfter Hand von den Rangern in die Lehre genommen. Unsere Kinder erhalten einen Einblick in das Zusammenleben von Menschen und Dickhäutern und finden es bald normal, mit ihnen auf Tuchfühlung zu sein, während Papa und Mama ihre Arbeit machen.

Arbeitslose Elefanten

Die Ressourcen der Wälder, die erlesene Nutzhölzer wie Teak liefern, hatten zum Aufschwung der Halbinsel Indochina beigetragen. Aber der Raubbau an der Natur rächt sich durch Überschwemmungen und einen sinkenden Grundwasserspiegel. Seit 1991 sind Abholzungen in Thailand gesetzlich verboten. Im Gegensatz zu den zweitausend Wildelefanten, denen die Maßnahme zugute kommt, hat sie das Los der viertausend Arbeitselefanten, die als universelle Zugschlepper eingesetzt wurden, nicht verbessert.

AUCH GUTE ERINNERUNGEN VERBLASSEN IRGENDWANN

Erst die Arbeit, dann die Belohnung – und was wäre für einen Elefanten vergnüglicher als ein ausgiebiges Bad im Fluß? Der Elefantenführer schlägt unserer fünfjährigen Ariane vor, mit Babar zusammen hineinzugehen und ihn zu waschen. So vergeht eine volle Stunde gemeinsamer Badefreuden. Gezähmte asiatische Elefanten gelten gemeinhin als sicher, und da sie so intelligent sind, sind sie im Umgang mit Menschen offenbar verläßlicher als andere Haustiere. Nur die jungen Tiere können in ihrem spielerischen Ungestüm potentiell gefährlich werden, aber auch die Bullen während der Brunstzeit, die auch Musth genannt wird. Dann sind sie unberechenbar und können jähzornig worden, wenn nicht sogar aggressiv. Der Zauber des Moments hat tiefe Spuren in Arianes Gedächtnis hinterlassen, die erst mit der Zeit durch frischere Eindrücke verwischt wurden. Das Gedächtnis des Elefanten ist bekanntlich phänomenal. Vielleicht denkt der ehemalige Spielkamerad manchmal noch an sie?

EIN STREIFZUG DURCH DEN MELAKA PARK

Malaysia

Corentin konnte noch nicht schwimmen und durfte deshalb nicht mit seiner Schwester ins Wasser gehen. Aber gegen einen Streifzug auf dem Elefantenrücken durch Melaka Park war nichts einzuwenden. Hier war er seiner Schwester sogar voraus, weil er sein Tier »dominierte«. Und dabei war dieser Elefant nur an die Stimme seines Herrn gewöhnt!

Als die Wälder in der Umgebung abgeholzt und durch eine endlose Abfolge von Ölpalmen ersetzt wurden, kamen zahlreiche Wildtiere hierher, um Asyl zu suchen. Dieser junge Muntjakhirsch wurde von seiner Mutter verstoßen. Die gefleckte Fellzeichnung wird sich mit der Zeit auswachsen.

Muntjak, Axishirsch, Hirschferkel, malaiischer Kleinkantschil: Afrika hat seine Antilopenkollektion und Asien seine Hirschparadiese. Im Teman Negara Nationalpark gab es eine große Sambarhirschkuh (die größte Hirschart der Region, fast so groß wie unsere europäischen Hirsche), die sich von unseren Kindern gern streicheln ließ. Menschen hatten sie mit der Flasche aufgezogen.

Der asiatische Wildelefant macht sich

In den Wäldern Malaysias gibt es noch wilde Elefanten, und wer ihnen auf freier Wildbahn begegnet, sollte sich in acht nehmen, denn dort ist ihr Reich. Es ist ratsam zu warten, bis sie vorbeigezogen sind; auf dem unübersichtlichen Gelände könnte man allzu leicht zwischen die Herde geraten. In Borneo konnten wir uns einer Herde von Wildelefanten auf wenige Meter nähern. Es war ein einzigartiges Naturerlebnis: Nirgendwo sonst haben wir Elefanten erlebt, die so geduldig waren ... jedenfalls an ihren besten Tagen.

SCHMETTERLINGE FÜR DEN WELTMARKT

In Melaka stoßen wir auch auf den Kosmos der kleinen Tiere. Seit einigen Jahren entstehen rund um den Erdball Schmetterlingsfarmen, die fremdartige, exotische Insekten für Touristen zur Schau stellen. Einige Farmen in tropischen Breiten züchten die kleinen Wesen, um die ständig wachsende Nachfrage zu befriedigen. Von unseren beruflichen Interessen einmal abgesehen, hatten wir hier endlich die Möglichkeit, unserem Nachwuchs vor Augen zu führen, wie ein winziges Ei, nicht größer als ein Stecknadelkopf, zu einem prächtigen Falter wird. Dicke gefräßige Raupen taten sich an bestimmten Blättern gütlich. In einer weiten Wanne hatten die Mitarbeiter der Farm Äste und Zweige deponiert, auf denen die älteren Raupen ihre Seidenpuppen gesponnen hatten. Einer dieser Kokons brach langsam auf, der Atlasspinner entfaltete seine Flügel, flatterte hoch, landete auf Ariane und krabbelte ihren Körper bis zur Nasenspitze hoch. Dort breitete er seine Flügel zum Trocknen aus. Ariane war selig und genoss das Kitzeln auf ihrer Haut.

EIN ZUCHTPROGRAMM DER NATIONALPARKS ZUR RETTUNG DES SUMATRANASHORNS

Sungai Dusun, Malaysia

Von Kuala Lumpur aus ging es Richtung Norden nach Sungai Dusun, wo sich die malaiische Station für die Zucht in Gefangenschaft des (haarigen) Sumatranashorns befindet: einer der seltensten Säuger der Welt, der früher über ganz Südostasien verbreitet war, kommt heute nur noch vereinzelt in den entlegensten Dschungelgebieten zwischen Birma, Nordborneo und Sumatra vor, und seine Zukunft sieht nicht besser aus. Da man seinem Nasenhorn (und anderen Körperteilen) medizinische Wirkungen zuschreibt, wird das Tier immer wieder von Wilderern bedroht, und dadurch, daß es so zutraulich ist, schadet es sich selbst.

NUR EIN TIER IST AUF DER STATION GEBOREN

Wenn die malaiischen Holzfäller frische Nashornspuren entdeckten, informierten sie die Behörden (und manchmal auch die Wilderer). Nachdem man sie ihrer Lebensräume beraubt hatte, wurden ein halbes Dutzend Nashörner eingefangen und in einer Zuchtstation untergebracht. Aber der Zuchtversuch scheiterte. Die letzten Tiere sind im Jahr 2004 an einer Seuche verendet. Nicht jede Tiergeschichte hat ein Happy-End.

In Sungai Dusun wurde ein Weibchen geboren, dessen Mutter sich noch in freier Wildbahn gepaart hatte. Ihre seit 1996 »mündige« Tochter war hinreißend; mit klagenden Tönen bettelte sie um ein Apfelstückchen und war dem Menschen zärtlich und aufmerksam zugetan. Die Wissenschaftler hatten ihre ganzen Hoffnungen auf das junge Weibchen gesetzt, doch das erste Sumatranashorn in Gefangenschaft wurde in den USA geboren.

DAS SKRUPELLOSE GESCHÄFT MIT ORANG-UTAN-BABYS

Sabah, Malaysia

Die große Insel Borneo mit den beiden malaysischen Gliedstaaten im Norden beheimatet noch ein symbolträchtiges Säugetier: den Orang-Utan. Daß er niemanden gleichgültig läßt, trägt zu dem tragischen Schicksal des Affenmenschen bei. Von Borneo bis nach Sumatra werden die Jungtiere eingefangen und nach einer alten Tradition von asiatischen Familien, die darin ein Statussymbol sehen, »adoptiert« (dasselbe wird mit Tigern und Bären gemacht). Allein aus diesem Grund ist der Orang-Utan seit Jahrzehnten durch Wilderer bedroht. Und wenn der Handel mit Orang-Utans heute auf dem Rückzug zu sein scheint, dann liegt das nicht etwa daran, daß die Nachfrage zurückgeht, sondern daß dieser Affe sich rar gemacht hat.

EIN ORANG-UTAN IN FREIHEIT IST VIEL BEREICHERNDER

Was geschmuggelt wird, wird oft beschlagnahmt. Deshalb landen so viele junge Orang-Utans in den Zoos oder auch in Rehabilitationszentren, wo die Tiere bis zu ihrer Auswilderung zur Autonomie erzogen werden müssen. In Sepilok in Malaysia existiert so eine Station. Aber die langwierige, schwierige Arbeit ist selten von Erfolg gekrönt.

»Jetzt haben wir drei Freunde: zwei Elefanten und Nico, den Orang-Utan«, sagt Ariane, nachdem sie einen Tag in Melaka war.

Parallel dazu erlebten wir einen Höhepunkt unserer Reise, als wir die roten Affenmenschen in einer Gegend kennen lernten, wo sie noch in der Wildnis leben und selten gejagt werden: im Tiefland von Kinabatangan, östlich von Sabah.

FRÜH ÜBT SICH

Taman Negara, Malaysia

Von unten bis in die höchsten Baumwipfel ist der ganze Dschungel voller Vögel. Sie auszumachen ist nicht so einfach, weil die Bäume dort achtzig Meter hoch aufragen. Doch mit etwas Geduld und Übung entdeckt man sie und lernt sie auseinanderzuhalten. Für kleinere Kinder ist es schon eine Leistung, die Familie zu bestimmen.

DER PRÄCHTIGE DOPPELHORN-VOGEL IST DAS WAHRZEICHEN VON BORNEO

Kuala Lumpur, Malaysia

Papageien und Tauben können trotz ihres oft farbigen Gefieders mit den Blättern ihrer Umgebung bis zur Unkenntlichkeit »verschmelzen«. Aber zur Freude unserer angehenden Ornithologen sind zumindest die Nashornvögel aufgrund ihrer Größe, ihrer Stimme, ihrer leuchtenden Farbkontraste und schwirrenden Fluggeräusche einfacher auszumachen. Welch originelle Art, sein Revier abzustecken! Der Doppelhornvogel (der seinen Namen dem mit dem Schnabelansatz verwachsenen Horn verdankt) ist Borneos Wahrzeichen. Um so scheuer ist der Edelfasan, den man hier in seiner ganzen Schönheit bewundern kann, obwohl er bei der geringsten Unregelmäßigkeit die Flucht ergreift. Bis auf ein relativ zahmes Exemplar, das sich in den Kopf gesetzt hat, um die Gunst unserer noch sehr jungen Tochter zu balzen.

RAFFLESIA PRICEI: NICHT DIE GRÖSSTE, ABER EINE DER SCHÖNSTEN

Nationalpark Crocker Range, Sabah, Borneo

Im Schatten des Dschungels breitet sich auf dem feuchten Boden unter einem großen Baum eine gigantische Blüte aus. Sechzig Zentimeter im Durchmesser, rotbraun und weiß gefleckt, wirkt sie in ihrer Vereinzelung völlig deplaziert. Sie liegt da, ihren Geruch verströmend, wie von Zauberhand deponiert. Die Rafflesie ist nur eine Blüte. Erst kürzlich wurde sie als eine Verwandte der Veilchengewächse identifiziert.
Blühende Rafflesien sind dank der Mundpropaganda heutzutage einfach zu entdecken: Nur ein paar Stunden von Kota Kinabalu, der Hauptstadt von Sabah, sitzt sie an den Hängen des Mount Kinabalu (zum Beispiel bei Poring) und im Nationalpark Crocker Range. Im Rafflesiencenter in Tambunan wird der Besucher mit interessanten Informationen empfangen. Dort folgen wir einem freundlichen, ortskundigen Führer über die nach den endlosen äquatorialen Regenfällen glatten Hänge. Nach einer halbstündigen mühevollen Fußwanderung durch die Schwüle des Waldes, belagert von Moskitos und Blutegeln, fühlten wir uns durch einen ungewöhnlichen Anblick, aber auch durch die Begeisterung unserer Kinder reichlich entschädigt.

Ein langwieriger, regelloser Wachstumszyklus

Diese Pflanze stammt aus einem winzigen Samenkorn in der Wurzel von Lianengewächsen und lebt parasitär. Ohne eigene Stengel, Blätter und Wurzeln ist sie dem lichtundurchlässigen Unterholz vollkommen angepaßt. Das Wachstum dieser fremdartigen, sehr langsam wachsenden Blume ist kaum erforscht. Nach anderthalb Jahren bildet sich eine Knospe auf der Liane. Noch ein Jahr später entfaltet sie sich dann innerhalb einer knappen Woche. Auf einer einzigen Liane erscheinen manchmal gleichzeitig mehrere Knospen, von Walnuß- bis Kohlkopfgröße, und alle drei Monate kommt eine Blüte als ultimatives Geschenk.

SMARAGDGRÜNES MÄNNCHEN, SCHARLACHROTES WEIBCHEN

Vogelpark in Bali, Indonesien

Auf der Grenze zwischen Indonesien und Neuguinea, in einer Region mit faszinierenden, vielfältigen biogeografischen Merkmalen, trifft Asien auf Ozeanien. Dort leben die schönsten, mannigfaltigsten Vögel unter wahrhaft paradiesischen Bedingungen, da es nach Osten hin keine Großsäuger wie Katzen oder Affen mehr gibt. Zwischen diesen Welten lebt ein höchst merkwürdiger Vogel, der Edelpapagei oder Eclectus, der ursprünglich nicht aus Asien, sondern aus Australien kommt. Als wir 2003 auf Bali waren, entdeckte Mahaut in einem Vogelpark ein prächtiges smaragdgrünes Männchen, das sich an frischen Feigen gütlich tat.

Das leuchtendrote Federkleid des Weibchens setzt ein altes Naturgesetz der Vogel- und Papageienwelt außer Kraft, dem zufolge die Schönheit nur Männersache sei. Auch in der Natur wird die Regel durch die Ausnahme bestätigt.

Die Insularität fördert solche Ausnahmen, weil die Isolation andere Voraussetzungen schafft. Nach Australien und verschiedenen Inseln der asiatischen Archipele konnten wir unseren Anschauungsunterricht in einem der bedeutendsten Laboratorien der Evolution fortsetzen.

Das süße Affenkind, das Ariane so liebevoll in ihren Armen hält, ist eine Unterart des Gibbons.

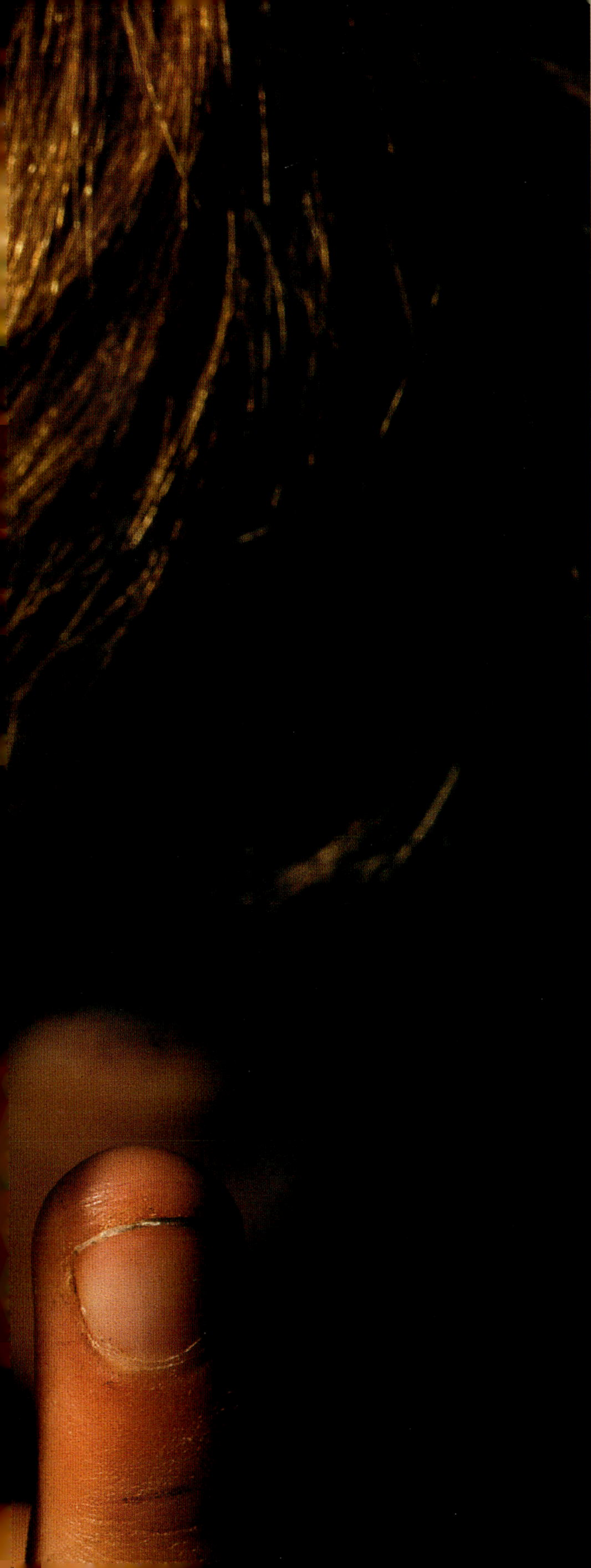

MADAGASKAR

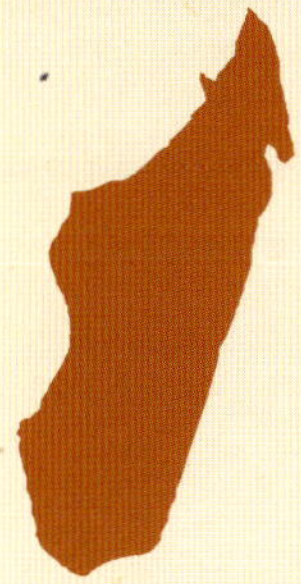

Madagaskar trägt den Beinamen »Große Insel« zu Recht. Sie paart räumliche Ausdehnung mit einer grandiosen Natur. In grauer Vorzeit löste sie sich vom afrikanischen Festland und führt seither ein Satellitendasein, wobei sie gewisse biologische Elemente mit Asien teilt. Im Verlauf von sechs Wochen durchquerten wir die verschiedensten Lebensräume, vom feuchten Dschungel über savannenbedeckte Hochebenen bis hin zu Trockenwäldern. Es waren oft fremdartige Landschaften mit einer eigentümlichen Flora.

Im Gegensatz zu Afrika, wo pflanzenfressende Huftiere den Hauptanteil der Säugetiere ausmachen, sind die ursprünglichen Primaten, Lemuren genannt, Herrscher dieser Insel. Sie leben fast nur auf Bäumen, nachdem ihre riesigen Vorfahren, die noch Gräser am Boden suchten, durch den Menschen ausgerottet wurden. Über Jahrtausende hinweg hat der Mensch das Ökosystem der Insel durchgreifend verändert und die Wälder durch sinnlose Brandrodungen unwiederbringlich zerstört. Trotzdem beherbergt dieser nach wie vor eine Fülle von Tier- und Pflanzenarten, die noch unerforscht sind und sich für den Menschen als wertvoll erweisen könnten.

GECKOS ODER ZWERG-CHAMÄLEONS ALS TARNUNGS-KÜNSTLER

Montagne d'Ambre

Wir hatten vor, eine Reportage über Chamäleons zu machen. Sie gehören zu den Echsen; von den bekannten Arten lebt die Hälfte nur auf Madagaskar, wo man sie in allen Lebensräumen antrifft. Im allgemeinen assoziiert man Chamäleons mit den größeren, farbigen, manchmal auch gehörnten Arten, die sich durch Farbwechsel ihrer Umgebung anpassen. Unser Interesse galt jedoch den kleineren Exemplaren, so auch Brookesia. Im Nationalpark von Montagne d'Ambre fanden wir die sogenannte Minima, die hier auf Arianes Finger sitzt. Das kleinste Wirbeltier der Welt (dem jetzt eine neu entdeckte Echse aus der Dominikanischen Republik Konkurrenz macht) bringt kaum ein Gramm auf die Waage – die Beute schlechthin für viele Insekten. Doch wenn Ariane Brookesia perarmata die ausgestreckte Zunge zeigt, will sie der Echse nur ihre Reverenz erweisen.

MADAGASKAR, EIN CHAMÄLEONPARADIES

Marozevo

Trotz ihres gruseligen Äußeren sind Chamäleons harmlos, solange man sie in Ruhe läßt. In Ausnahmefällen können sie mit ihren winzigen Zähnchen schon mal zubeißen. Außerdem haben sie entgegengesetzt angeordnete Greifzehen, die man meiden sollte. Meistens wird ein bevorstehender Angriff aber mit optischen Mitteln signalisiert: Eine plötzliche Farbveränderung bedeutet, man möge sie gefälligst in Ruhe lassen.
Auf den Bäumen erleichtert ihnen der lange Greifschwanz die Fortbewegung.

Der optische Trick mit dem welken Blatt

Alle Brookesia-Arten sind Meister der Mimese: Sie haben die Fähigkeit, sich in Form und Farbe einem Zweig oder einem Blatt anzupassen. So überleben sie noch am Boden. Obwohl sie kaum sichtbar sind, werden ständig neue Unterarten ausgemacht. Im Unterschied zum gemeinen Chamäleon ist die klebrige Zunge, mit der sie auf Insektenfang gehen, bei ihnen nicht so lang wie der Rumpf.

Die Glanzspitznatter in Maskulin und Feminin

Marozevo

Madagaskar, die Schatzkammer der Kuriositäten, bietet auch ungewöhnlichen Schlangen Zuflucht. Hier sieht man die einzige Schlangenart, bei der sich die Geschlechter durch Farbe und Form unterscheiden. Triftige Gründe gibt es dafür offenbar nicht; es ist eben so. Die schlanken, harmlosen Schlangen lassen sich von einem kleinen Mädchen ohne Weiteres auf ihre »sieben Unterscheidungsmerkmale« untersuchen.

DIE PRACHT DES KOMETENFALTERS

Marozevo

Regenwälder erstrecken sich über die ganze Länge der Ostküste der Insel. Die Vielgestalt der Insekten dieses Milieus ist bemerkenswert, und dieser prächtige, knallgelbe Kometenfalter mit den weitgespannten Flügeln ist beispielhaft dafür. Für diesen recht zahlreich vorkommenden Schmetterling, der natürlich ein begehrtes Zier- und Sammlerobjekt darstellt, existiert ein geregelter Markt. Die eingesammelten Puppen aus der Natur werden an Großhändler geliefert. In speziell ausgestatteten Räumen können die Schmetterlinge schlüpfen und ihre prächtigen Flügel entfalten. Obwohl diese Art der kommerziellen Nutzung einer natürlichen Ressource umstritten ist, muß man doch anerkennen, daß die kontrollierte, gezielte Entnahme der Puppen aus der Natur der Umwelt weniger schadet als das wahllose Einfangen ausgewachsener Falter. Die neugierige, wissensdurstige Ariane fand hier wieder einmal die Bestätigung für die unerschöpfliche Erfindungsgabe der Natur.

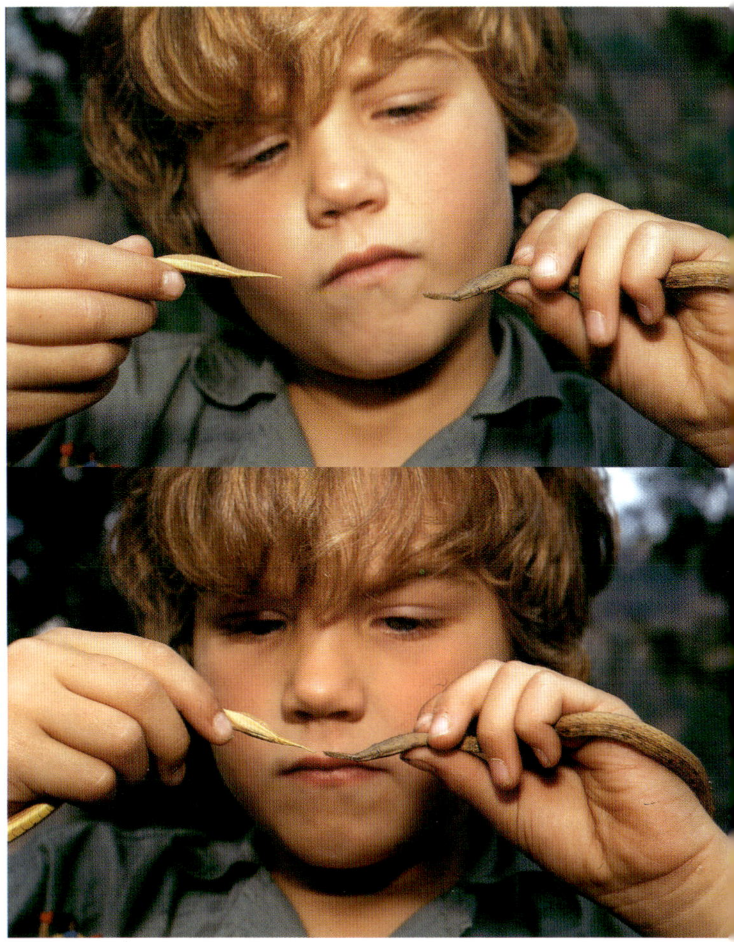

EINE SCHAUKELPARTIE IM DSCHUNGEL

Montagne d'Ambre

Obwohl unsere Reisen vorwiegend beruflich und pädagogisch motiviert sind, darf auch das Vergnügen unterwegs nicht zu kurz kommen. Zwischen den Aufnahmen, auf einer Wanderung und bei der Motivsuche ist für Spaß und Spiele noch Zeit genug. Im großen Wald der Montagne d'Ambre wachsen Lianen, die sich als natürliche Schaukel anbieten. Die Kinder suchen eifrig danach und haben die Tiere für eine Weile vergessen. Letztendlich sind es ja die Eltern, die arbeiten müssen, und nicht die Kinder.

Eine unvollständige Systematik

Insekten, Vögel, Säugetiere, Pflanzen ... Das Leben ist von einer wunderbaren Vielfalt, die der Mensch dank seiner Technologie und zahlenmäßigen Überlegenheit zu kontrollieren meint. Wir fürchten uns vor Rohstoffverknappung, wir denken über dauerhafte Lösungen nach, wir sprechen von erneuerbaren Energien und kennen doch nur einen Bruchteil dessen, was uns umgibt. Jahr für Jahr entdeckt man neue, bisher unbekannte Arten, auch höhere Wirbeltiere. Unsere Vorstellungen vom Meeresleben sind noch sehr »verschwommen«. Bezeichnenderweise mangelt es in unserer wissenschaftsgläubigen Welt an Fachleuten zur Klassifizierung der Ordnungen. Zoologen und Botaniker, die sich mit der Systematik befassen, sind heutzutage selbst vom Aussterben bedroht.

SCHNEEWEISSE INSEKTEN-LARVEN

Montagne d'Ambre

Eine weiße Insektenkolonie auf der dunkelgrauen Vegetationsdecke zog unsere Blicke auf sich. Es handelte sich um Phromnialarven, die sich mit einem abstoßenden Wachs vor Feinden schützen. Es sieht seltsam aus und lohnt es, genauer hinzusehen. Ohne die Beobachtungsgabe der Kinder wären uns solche kleinen Wunder der Natur entgangen.

DER VERSCHWUNDENE RIESEN-STRAUSS VON MADAGASKAR

Berenty

Ariane hält mit Hilfe der Kinder der Antandroys aus dem Süden, denen sie ihre traditionelle Haartracht verdankt, ein Kuriosum der Natur in ihren Händen: ein intaktes Ei des Madagaskarstraußes. Eigentümer ist die Familie Heaulme, die das schöne Naturreservat Berenty bei Fort-Dauphin gegründet hat. Das Ei lag seit zwei- oder dreitausend Jahren auf einer großen Sanddüne am Meer; die Küken sind nie geschlüpft. Die fast drei Meter hohen Laufvögel haben den Menschen auf ihrer Insel nicht lange überlebt. Die Seefahrer und Entdecker, die dort im 16. Jahrhundert aus Europa eintrafen, haben sie noch zu Gesicht bekommen.

Das Sterben der Arten ist so alt wie die Welt und fast schon banal geworden. Nicht aber das Tempo, in dem die Arten heutzutage verschwinden. Durch die seit fünfzigtausend Jahren ständig höhere Bevölkerungsdichte wurde die Natur tiefgreifend verändert; besonders anschaulich ist diese Entwicklung auf den Inseln, die ein verkleinertes Abbild der Erde darstellen. Dank ihrer unglaublichen Biodiversität, die Kuriositäten wie ein rotschwarz geflecktes Giraffeninsekt hervorbringt, kann sich die Natur neuen Situationen anpassen und die Lücken immer wieder auffüllen. Aber manchmal hat man den Eindruck, daß sie mit dem Auffüllen dieser Lücken nicht mehr so schnell nachkommt.

TÊTE-À-TÊTE MIT EINEM LARVENSIFAKA

Berenty

Die Lemuren haben alle ökologischen Nischen der Insel erobert. Wie Mensch und Affe gehören sie zu den Primaten, die sich jedoch abseits der »modernen« Feinde entwickelten und dadurch primitiv geblieben sind. Sie stammen ausschließlich von einem kleinen braunen, nachtaktiven Lemuren ab, nicht größer als eine Maus, der als erstes Säugetier auf Baumstämmen von Afrika nach Madagaskar kam. Seine engsten Verwandten, die Buschbabys, Pottos, Loris und Tarsiers, haben in Afrika und Asien nur dank ihrer Nachtaktivität überlebt. Auf der Insel, einem Laboratorium der natürlichen Evolution, besetzte die Familie sämtliche Nischen und stellte dadurch ihre große Anpassungsfähigkeit unter Beweis. Manche von ihnen haben Affengestalt angenommen, so wie der schneeweiße Larvensifaka. Dennoch sind Lemuren keine Affen, von denen sie sich durch ihre seltsame, vertikale Fortbewegungsweise unterscheiden: Sie sind unfähig zu laufen und springen nur von Baum zu Baum. Am Boden vollführen sie mit gekreuzten Füßen zierliche Ballettsprünge, wie Entrechats. Es sieht großartig aus und ist gewiß sehr schwierig! Die im Tierreservat Berenty unter Schutz gestellten Lemuren fürchten den Menschen nicht und begeistern ihr Publikum immer wieder mit ihren Tänzen im Wald.

FÜR MANCHE STÄMME SIND LEMUREN HEILIG

Region Nosy Kombo

Nicht alle Lemuren sind zutraulich, da sie wegen ihres Fleisches oft gejagt werden. Jeder Stamm hat seine bevorzugte Lemurenart, und einige Stämme lehnen den Verzehr von Lemurenfleisch ab, weil sie diese Tiere als ein Reinkarnation ihrer Ahnen betrachten. Im hohen Norden der Insel, Nosy-Be, lebte einmal eine Königin, die den Maki macaco unter Schutz stellte. Deren Männchen sind schwarz, während die rotbraunen Weibchen wie sympathische Füchse aussehen. Sie leben am Dorfrand und ziehen Touristen an, die sich im Dorf nicht nur mit Andenken, sondern auch mit Bananen eindecken, die sie an die Lemuren verfüttern. Gut geschützt können sie wachsen und gedeihen.

DER FLASCHENBAUM

Morondova

Hier läßt sich die vergnügte Ariane in der Gabelung der dicken Stämme des flaschenförmigen Affenbrotbaums fotografieren. Der endemische Baum wächst nur auf Madagaskar. Sein Stamm aus eher weichem, »kartonartigem« Fasermaterial ist unverholzt und dient als gigantischer Wasser- und Nahrungsspeicher. Da der Mensch mit gefällten Affenbrotbäumen nichts anfangen kann, werden sie im Gegensatz zu anderen Bäumen nicht abgeholzt.

ZWEI AFFENBROTBÄUME IN ZÄRTLICHER UMARMUNG

Nach einer lokalen Legende sollen diese beiden Affenbrotbäume einander zärtlich zugetan sein. Ein Anblick, der unter all diesen massiven, geradlinig emporstrebenden Stämmen aus dem Rahmen fällt. Auch Ariane und Corentin haben die gemeinsamen Reisen regelrecht zusammengeschweißt. Sie haben alles miteinander geteilt, Spiele, Kummer und Spaß, und wollen den Bäumen in brüderlich-schwesterlicher Zuneigung spontan nacheifern. Übrigens sind wir stets bemüht, ihnen über ihren engen Familienverband hinaus auch ein »normaleres« Leben zu ermöglichen, damit sie sich ihren eigenen Freundeskreis schaffen können.

DIE BERÜHMTE AFFENBROT-BAUMALLEE

Morondava

Die Große Insel zu bereisen, ohne sich näher mit der Flora zu befassen, wäre auch für Zoologen eine Sünde. Die berühmte Affenbrotbaumallee in Morondava dürfen wir schon gar nicht versäumen. Auf Madagaskar wachsen fast alle Varianten dieser eigentümlichen Bäume, die fast ganzjährig entlaubt sind und daher wie verdorrt aussehen. In den Ästen paart sich eine Verwandte der Frettkatze, die große, fleischfressende Fossa, nach der wir leider vergebens Ausschau hielten. Mehr Glück hatten wir mit den zahlreichen nachtaktiven Lemuren, die sich in der Abenddämmerung am Wegesrand einfanden.

DIE PFLANZEN PASSEN SICH EXTREMER TROCKENHEIT AN

Ankarana

Mit Madagaskar verbindet man oft Dschungelvegetation, aber insbesondere an der Westseite der Insel herrschen aride Bedingungen. Die fortschreitende globale Erwärmung und die Zerstörung der Wälder verstärkt diese Tendenz. Am trockensten sind Kalksteinmassive wie die Ankaranaberge im Norden, deren poröses Gestein keine Niederschläge speichern kann. Die Pflanzen müssen dort mit langen Wurzeln und speziellen Speichersystemen versehen sein, um zu überleben, so wie dieser Cousin des Affenbrotbaums mit seinem fleischigen Stamm, der eher in die Breite als in die Höhe wächst und nur ein paar dürre Äste hat. Bei aller Schmucklosigkeit läßt er es sich aber nicht nehmen, im Frühling die Landschaft mit dekorativen Blüten zu sprenkeln. Leider haben Sammler dieser dickfleischigen Gewächse auf der Suche nach geeigneten Pflanzen für unsere Wohnzimmer ganze Hänge geplündert.
Dieses Schicksal bleibt dem madegassischen großen Vasa-Papagei wohl erspart, weil er so unscheinbar ist.

L'ASTROLABE
FISH

ANTARKTIS

Die Antarktis mit ihrer Eisdecke ist ein Kontinent von surrealer Schönheit, eine eigene Welt, die wir bereits einmal ohne die Kinder gesehen hatten. Zu unserer Überraschung wurde uns jedoch 1994 durch den Administrator der Französischen Südlichen und Antarktischen Territorien gestattet, zusammen mit den Kindern auf der *Astrolab* nach Adélieland einzuschiffen.
Das Leben in dieser Wüste, die sich nur im Verlauf des kurzen Sommers mit Wasser umgibt und ansonsten über Hunderte von Kilometern unter einer Eisdecke liegt, bleibt auf ein paar felsige Oasen begrenzt. Die Tierwelt umfaßt ausschließlich Wassertiere, die nur zur Fortpflanzung an Land gehen. Noch im Sommer kann es dort kalt sein, wenn heftige Stürme über die Einöde hinwegfegen. Doch wir wagten uns mit Ariane, drei Jahre alt, und Corentin, achtzehn Monate alt, dorthin, zumal uns auf dem Schiff und in den Räumlichkeiten der Station Dumont-d'Urville ein gewisser Komfort erwartete und wir nur bei schönem Wetter ins Freie wollten. So gesehen erinnert ein Besuch auf der Antarktis einem Winterurlaub im Schnee – ohne Lawinen. Nachdem wir in sechs Tagen die »Brüllenden Vierziger« hinter uns gebracht und die Kinder keine Mahlzeit ausgelassen hatten, tauchten die ersten Gletscher und Pinguine auf. Wir waren sehr gespannt und optimistisch. Aber dann gab es doch ein kleines Problem ...

DIE ASTROLAB AN DER KÜSTE VON ADÉLIELAND

Geringe Mittel, bescheidene Präsenz. Das französische Schiff hat einen stahlverstärkten Rumpf, ist aber beileibe kein Eisbrecher. Im südpolaren Sommer des Jahres 1994/95 wollte das Packeis nach den Frühjahrsstürmen nicht schmelzen. Der Rückweg zur Basis war abgeschnitten. Fast rundum von Weiß umgeben mußten wir uns, an der Eisgrenze angekommen, einen vollen Monat in Geduld üben. Um uns die Zeit zu vertreiben, hatten wir das, was man an Bord eben so findet – es war nicht immer kindgerecht. Die Geduld der Crew und der stationierten Wissenschaftler, die gerade neun Monate Isolation hinter sich hatten, wurde auf eine harte Probe gestellt.

WIR KONNTEN NICHT ANLEGEN

Kein Problem für unsere Kinder! Wenn das Wetter mitmachte, gingen sie ins Freie, und in diesem Alter kamen sie noch mit fast nichts zum Spielen aus. Mit Eisbrocken und Schneebällen wurden jeden Tag neue Spiele erfunden. Auch die Fantasie der Erwachsenen wurde angeregt. Und nach unserer monatelangen Australientour im Wohnmobil konnte uns sowieso nichts mehr erschüttern.

Am spannendsten war natürlich die heimische Tierwelt. Wale, die majestätisch an den blauweißen Eisbergen entlangziehen, Adéliepinguine, die über das glatte Eis schlittern, und faul herumliegende Weddellrobben, die sich kaum nach uns umdrehen ... Aber der Kapitän weigerte sich anzuhalten, weil die Fahrrinne auf der Stelle zugefroren wäre. Wir mußten ununterbrochen fahren. Zwischen Weihnachten und Neujahr setzte er uns für eine halbe Stunde doch noch auf einer großen Eisscholle ab, das einzige Mal in sechs Wochen. Ariane und Corentin liefen gleich voraus, um die schönen, befrackten Pinguine kennenzulernen. Und endlich mal im Schnee zu toben!

Der Status der Antarktis ist übernational

Einst kreuzte die *Astrolab* als Versorgungsschiff in der Nordsee; danach wurde sie als Dienstschiff der Forschungsstation Dumont d'Urville für den Personen- und Güterverkehr ausgerüstet und mit einem verstärkten Rumpf versehen. Nach dem internationalen Antarktisvertrag ist der weiße Kontinent ein überstaatlicher Raum für die Wissenschaft und keine Kolonie. Jedweder Gebietsanspruch wurde zurückgewiesen. Die Antarktis gilt nach wie vor als gemeinsames Erbe der Menschheit. Das französische Forschungszentrum hat gleichwohl auch eine Symbolfunktion für die französische Präsenz in dieser Region..

BORDALLTAG ZWISCHEN »BRÜLLENDEN VIERZIGERN« UND »HEULENDEN SECHZIGERN«

Die Überquerung der »Brüllenden Vierziger« stellte uns in beiden Richtungen auf eine harte Probe. Eine rauhe See, heftige Winde, und über uns geben sich Albatrosse und Sturmvögel mit weit aufgespannten Flügeln voller Anmut dem Spiel der entfesselten Elemente hin und fordern uns auf, mit dem Ozean und nicht gegen ihn zu leben.

Bei schlechtem Wetter wird alles schwieriger. Die Atmosphäre ist angespannt, unterschiedliche Charaktere treten deutlich zu Tage. Zwischen den sympathischen Männern, die sich auch mal auf eine Partie Dame mit uns zusammensetzen, und den abweisenden Zeitgenossen, die offenbar nicht verstehen, was wir bei ihnen verloren haben, offenbart sich hier der menschliche Charakter in all seinen Facetten.

DER WEIHNACHTSMANN AM SÜDPOL

Im Sommer verkehren hier Transporthubschrauber der Armee. Jedes Jahr haben sie ein anderes Logo. Die netten Piloten erlaubten uns, Ariane und Corentin auf das Abflugdeck zu lassen, da, wo die Maschine an der Kette lag. Und am Tag X wurde der Weihnachtsmann für uns mit dem Hubschrauber eingeflogen! Als die Kinder einen Herrn mit rotem Anorak und Rauschebart aus der Kabine kommen sahen, waren sie etwas eingeschüchtert, wenn nicht verunsichert, und haben seine Geschenke nur mit spitzen Fingern entgegengenommen.

UNSERE REVANCHE KOMMT BESTIMMT

Das Hubschrauberdeck ist ein idealer Spielplatz. Auf der hinteren offenen Plattform, die vor der Gischt geschützt und durch ein umlaufendes Gitter gesichert ist, können sich die Kinder auslaufen und herumtoben. Es gibt sogar einen Schlitten für Corentin, den wir für unsere Streifzüge zu den Vogelkolonien vorgesehen haben. Das Eis ringsherum scheint uns eine lange Nase zu machen. Aber wenn wir sehen, wie ernsthaft sich Corentin an seiner Werkbank betätigt, schöpfen wir Hoffnung: Eines Tages kommt die Revanche, und wir bringen unsere Kinder zu den Pinguinen.

BEI DEN KÖNIGSPINGUINEN AUF DEN FALKLANDINSELN

Ostfalkland

Aber es dauert noch eine Weile, bis wir im Herbst 2000 anläßlich einer Reportage über Brasiliens Papageien einen Abstecher zu den Falklandinseln (man nennt sie auch Malwinen oder Malvinas) im Südatlantik planen können. Corentin war auf der *Astrolab* achtzehn Monate alt, und nach unserem missglückten Versuch, ihm Zugang zu Kaiserpinguinen zu verschaffen, können wir jetzt eine Begegnung von Klein-Mahaut, die fast zwei Jahre alt ist, mit den Königspinguinen ins Auge fassen. Im Januar 2001 kommen wir auf die Inseln. Für Ariane und Corentin, die ein Stück größer geworden sind, war der Besuch in diesem Naturparadies bei idealem Reisewetter das schönste Erlebnis überhaupt. Wenn das keine Revanche war!
Gleich am ersten Tag können wir trotz einer leichten Wolkendecke unser Versprechen einlösen; wir sind in Volunteer Point, in der Nähe der Hauptstadt Stanley.

Königspinguine haben zwar ein paar Zentimeter und einige Kilo weniger als Kaiserpinguine, sind aber dafür zugänglicher! Mahaut befindet sich fast auf derselben Höhe mit ihnen, obwohl sie schon groß für ihr Alter ist. Ariane nähert sich der großen Kolonie. Sie findet ein verlorenes Ei und hält es einem Brüter hin, der es nach einer gründlichen Untersuchung gleichgültig liegen läßt. Er hat doch schon eins, das er auf seinen Füßen warm hält. Daß Kaiserpinguine keine Nester bauen, gehört zu ihren Gattungsmerkmalen; statt dessen brüten sie ihre Eier unter einem weichen Hautlappen am Bauch aus. Fällt die kostbare Last zu Boden, wird sie zurückgelassen (so wie Arianes Fund von soeben). Wir haben unseren Kindern eingeschärft, sich den Brutkolonien stets nur langsam im Kriechgang zu nähern und genügend Abstand zu halten, um die Tiere nicht zu erschrekken.
Andere Kolonien bestehen nur aus wenigen Pärchen. So wie auf dem Foto, das auf Saunders Island entstand, wo sich Corentin mit Kapuze und gelber Brille als Pinguin verkleidet hat.

DIE TAPFERKEIT DES FELSENPINGUINS

Insel Sealion, Falklands

Innerhalb von zwei Wochen waren wir auf drei Inseln: die Hauptinsel Ostfalkland, Saunders im Nordwesten und Sealion im Süden. Jede Insel hat ihre Eigenheiten. Felsenpinguine brüten in dichten Kolonien und bauen kleine Nester aus Erde und Kieseln, die sich rasch mit Guano überziehen. Man erkennt diese Vögel an ihren seitlich abstehenden Federhauben. Die Kinder wunderten sich über den Beinamen »Rockhopper« (Felsenhüpfer), bis sie eines Tages zusehen konnten, wie die Vögel sich aus der Brandung hieven und über einen um fünfundvierzig Grad geneigten Felsabbruch nach oben hüpfen – und das im Schlußsprung. So klein sie sind, so zäh sind sie auch: Ob die lokale Umweltorganisation Falklands Conservation den Vogel wohl deshalb für ihr Logo ausgewählt hat?

Die subantarktischen Inseln

Die Falklandinseln (vierzig Grad südlicher Breite) liegen in der Subantarktis, oberhalb des Zirkumpolarstroms, auf sechzig Grad südlicher Breite. Dort ist das Klima nicht so streng wie in der Antarktis. Es fällt kaum Schnee, und von Eis ist weit und breit nichts zu sehen. Trotzdem teilen sich diese beiden Gebiete, die man oft assoziiert, einen großen Teil der Tierwelt, vor allem Robben und Pinguine.

WIR SIND VORWIEGEND ZU FUSS UNTERWEGS

Sea Lion Islands, Falklands

Die kleinen »Hopper« der lokalen Fluggesellschaft bringen uns von einer Insel zur nächsten. Aber in der übrigen Zeit sind wir zu Fuß unterwegs. Die Tierwelt, die vorwiegend im Meer lebt, konzentriert sich auf die Strände. Die grauen Erhebungen, die man von weitem für Felsbrocken hält, entpuppen sich bei näherem Hinsehen als riesige See-Elefanten, eine fünf Tonnen schwere, fünf Meter lange Robbenart. Die Nase der Bullen ist rüsselartig erweitert und bläht sich während der Paarungskämpfe auf. In der Paarungszeit werden sie aggressiv und sehr gefährlich. Aber jetzt im Januar aalen sie sich noch gähnend am Strand, enormen Nacktschnecken gleich. Diese Ruhezeit ist notwendig, denn wenn sie auf Fischfang gehen, verändert sich ihr Lebensrhythmus: See-Elefanten tauchen Tag und Nacht bis zu tausend Meter tief nach Kalmaren und schlafen dann nur noch minutenweise unter Wasser, ohne ihren Auf- oder Abstieg zu unterbrechen.

EINE REICHE, SPEKTAKULÄRE FAUNA IN REICHWEITE

Sea Lion Islands, Falklands

Mit einer Tierwelt »in Reichweite« unter einem fast durchgehend blauen Himmel – dabei soll es in den letzten drei Monaten nur neun regenfreie Tage gegeben haben, wie uns unser Gastgeber versicherte – waren Ariane, Corentin und Mahaut in ihrem Element. Die kleine Sumpfschnepfe, die sich in einem Meter Abstand von den Kindern so unbekümmert durch die vertrockneten Gräser bewegt, dürfte der beste Beweis dafür sein, daß sie von den Menschen nie etwas zu fürchten hatte. Nirgendwo sonst läßt dieser Vogel den Menschen so nahe heran.

Als die ersten Malwinen in Gestalt französischer Seefahrer aus Saint-Malo auf diese Insel kamen, war sie unbesiedelt. Es ist aber belegt, daß dort zuvor Indianer aus Patagonien oder dem benachbarten Feuerland auf Durchreise gewesen waren. Die lokalgeschichtliche Wende kam mit einer Serie von Tiermassakern, die um so einfacher waren, als die Opfer in ihrer Zutraulichkeit keinen Widerstand leisteten. Im Verlauf des 18. und 19. Jahrhunderts und noch bis ins 20. Jahrhundert hinein

wurde, egal ob Wale, Robben oder Pinguine, aus reiner Profitgier wahllos alles abgeschlachtet. Heute steht die gesamte Fauna unter Schutz, was auch respektiert wird. Zur Freude der Touristen, die immer zahlreicher werden, sind die meisten Tiere vor allem in den etwas entlegenen Gebieten immer noch sehr zutraulich. Corentin mußte schon viel Geduld aufbringen, bis ihm der Tussockvogel, den man auch als Einfarb-Uferwipper bezeichnet, aus der Hand picken wollte; aber es war die Mühe wert. Gut zu wissen, daß sich der Uferwipper gemeinhin als Nasenputzer des See-Elefanten verdingt und eigentlich eher unscheinbar ist. Ebenso der gestreifte Caracara, ein Raubvogel der lokalen Fauna, der resolut Schuhbänder und Mützen beschlagnahmt, um damit sein Nest zu stopfen. Auch die zahlreichen Gänse, die manchmal noch bejagt werden, sind noch einigermaßen zugänglich. Fluchtdistanz ist hier nur ein Wort.

Über den kleinen, alltäglichen Vorkommnissen, den Fund eines herzförmigen Steins, dem Spiel mit Früchten, die wie Klettverschlüsse funktionieren, sind unsere professionellen Verpflichtungen manchmal rasch in Vergessenheit geraten.

DIE IRDISCHEN PARADIESE DER TUSSOCKPFLANZE

Insel Sealion, Falklands

Tussock ist das Beste überhaupt. Warum unsere Kinder so von dieser Pflanze begeistert sind? Stellen Sie sich einen Strand vor, auf einer Länge von fünfzig bis dreihundert Metern übersät mit dicken, hohen Grasbüscheln, jeweils ein Meter im Durchmesser, zwei Meter hoch. Das ergibt eine Art natürliches Labyrinth, eine perfekte, hundertprozentig ökologische Spielfläche, das ideale Erlebnis-, Versteck- und Klettergelände. Doch bevor wir unsere Kinder in diese Wildnis entlassen, vergewissern wir uns noch, daß keine See-Elefanten oder Seelöwen in der Nähe herumliegen, denn die reagieren sehr ungnädig, wenn man sie in ihrer Mittagsruhe stört. Die Tussockpflanze ist übrigens außerordentlich vielseitig. Müde? (Hallo, Mahaut!) Eines der Polster wird leicht in Form geklopft, und man hat ein gemütliches Bett. Hungergefühle? Man zieht aus der Strauchmitte einen dünnen Halm, der sich zur Wurzel hin weißlich färbt. Er ist vitaminreich, schmeckt wie Palmenherzen und hat auch deren Konsistenz. Die Seefahrer haben die Pflanze einst als wirksame Medizin gegen Skorbut eingesetzt. Dennoch hat der Mensch diese Pflanze nicht verschont (und schon gar nicht die Rinder, die er mitbrachte). Heute wächst Tussockgras nur noch auf einigen Inseln, wo es sich ungehindert ausbreiten darf, weil es die Küste stabilisiert.
Nicht so angenehm war unsere erste Bekanntschaft mit den Skua-Raubmöwen, die nicht lange fackeln, wenn es um ihre Nistplätze geht. Im Klartext: eine Sturzflugattacke und ein Schnabelhieb. Aber sie werden nicht aggressiv, wenn man ihre ersten, unmißverständlichen Drohsignale ernst nimmt.

JANUAR – DER HÖHEPUNKT DER BRUTPERIODE

Insel Sealion, Falklands

Die Falklandinseln, Patagonien und Feuerland sind durch eine ähnliche Tierwelt verbunden. Die Säugetiere leben dort durchweg im Meer, und keines davon ist endemisch. Die Vögel führen dort das Regiment. Die Blutschnabelmöwe mit ihrem gewaltigen roten Schnabel, der zu dem grau schattierten Gefieder einen auffälligen Kontrast bildet, brütet in dichten Kolonien. Um Nahrung zu suchen, schwärmen die Vögel jedoch über die ganze Küste aus. Sie hätten uns das Futter sicher auch aus der Hand gepickt.
Ein paar kleine, flockige Gänse mit weißer, brauner, schwarzer oder rötlicher Färbung kommen im Zentrum der Insel und an der Küste vor, wo sie ungestört nach Halmen suchen und die so eintönige Landschaft beleben. Diese absolut baumlose Einöde, unter den peitschenden Winden der »Brüllenden Vierziger«, hat eine niedrige Grasvegetation, durchsetzt mit dunklem, blankem Gestein, und braune Flüsse, die das Tannin aus dem Torf waschen, teilen die Landschaft. Kein Wunder,

daß die französischen Entdecker sich nicht ohne Weiteres auf den Malwinen ansiedeln wollten. Im Sommer folgen die flaumweichen, grauen Gänschen in langen Prozessionen ihren Eltern auf der Suche nach den ersten Trieben.

Der kleine Falkland-Fuchs ist ausgestorben

Das einzige Landsäugetier dieser Inseln war ein zutraulicher Fuchs, der mit groben Knüppeln abgeschlachtet wurde. Und als die Champions der Hetzjagd erschienen, hatte die Stunde des armen Füchsleins geschlagen. Kaum hatten die britischen Siedler mit ihren Schafen die Insel besetzt, war der Fuchs schon ausgerottet.

DER HERRSCHER DER OZEANE NISTET AN LAND

Saunders Island

Der Albatros fordert Respekt, denn er ist der Herrscher der Territorien und Meere am Südpol. Mit weit gespannten Flügeln folgt er mühelos den Schiffen über stürmische Meere. Er lebt ganzjährig auf See, brütet aber an Land. Der in südlichen Meeren allgegenwärtige Schwarzbrauenalbatros hat auf den Falklandinseln so etwas wie das Gelobte Land gefunden. Auf kleineren Inseln befinden sich die zwei größten Albatroskolonien der Welt, wo sich die Paare zu Hunderttausenden niedergelassen haben.

Auf Saunders Island sind es nur ein paartausend, die oben an den steilen Felsen ihre Nisthöhlen haben. Der Anblick ist trotzdem schön. Die Kinder sind auf der Hut wegen der Schnabelhiebe, obwohl der Albatros nur angreift, wenn man seinem Nest zu nahe kommt. Ariane kennt die Grenze. Trotzdem ist sie vorsichtig, denn der Albatros pflegt sich zur Wehr zu setzen, indem er einem Widersacher seinen öligen Mageninhalt entgegenspeit. Das kann einem Raubvogel, der es auf die Küken abgesehen hätte, das Gefieder zerstören und es wasserdurchlässig machen. Für den Menschen ist das Zeug ungefährlich; es stinkt aber zum Himmel.

NORDAMERIKA

Uns blieb noch ein »unerforschter« Kontinent: Nordamerika. Um uns auf den Weg zu machen, brauchten wir gute berufliche Gründe. Selbstverständlich interessierten wir uns für den Bison und sein Comeback. Natürlich wollten wir Grizzlybären und springende Lachse sehen, ganz zu schweigen von den Alligatoren, den Canyons und den Rocky Mountains. Aber angesichts all der talentierten Amateur- und Berufsfotografen, die dort zu Lande am Werk waren, fehlte uns die zündende Idee!
Wir greifen zurück auf unsere in zwanzig Berufsjahren gesammelten Kontakte. Ein paar Monate vergehen, dann steht es fest: Wir sollen über Rettungsprojekte zugunsten der vier bedrohtesten Tierarten Nordamerikas berichten. Es sind Arten, deren Populationen unter der Grenze von fünfzig Individuen lagen, und für deren Rettung die USA Millionen auszugeben bereit waren. Wir sollen uns ein Bild über den aktuellen Stand machen, die öffentlich nicht zugänglichen Zuchtstationen besichtigen, Gespräche mit den Verantwortlichen führen. Die Kinder dürfen wir fast überallhin mitnehmen. Eine Zeitspanne von insgesamt fast fünf Monaten wird angesetzt, die wir in drei Reisen aufteilen: Zunächst Puerto Rico und Florida, dann der Mittlere Westen und Kalifornien, und im Sommer 2002 wollen wir von Chicago über die Great Plains nach San Francisco, mit einem Abstecher nach Kanada und Alaska.

RINDER BEVÖLKERTEN DIE WEITE DER PRÄRIE

Dakotas, USA

Den amerikanischen Bison hat ein trauriges Schicksal ereilt. Sechzig Millionen dieser Wildrinder mit dem massigen Kopf lebten in den Prärien, als die weißen Siedler Amerika in Besitz nahmen. Durch die intensive Bejagung war der Büffel bald von der Atlantikküste, wo er in kleinen Herden gelebt hatte, verschwunden. Sein Fleisch, seine Haut, seine Knochen, alles wurde verwertet. In der zweiten Hälfte des 19. Jahrhunderts folgte dann die gnadenlose Ausrottung des Büffels, um den Indianern, die sich der widerrechtlichen Aneignung ihres Landes widersetzten, die Existenzgrundlage zu entziehen. Die Rechnung ging auf, und der Bison galt nun praktisch als ausgerottet, bis auf ein paar Exemplare, die im New Yorker Zoo oder in Farmhaltung überleben konnten.

Obwohl der Bison wegen seines wertvollen Fleisches heute wiederbelebt wird, sieht es für den weißen Bison, den die Indianer als heilig verehrten, sehr schlecht aus. Die unten abgebildete Kuh aus North-Dakota soll in Jamestown die Vergangenheit heraufbeschwören.

Den Amerikanern verdanken wir die größten Ausrottungskampagnen, die jemals auf der Ebene eines Kontinents stattgefunden haben. Dem Bison folgten Milliarden von Wandertauben, Karolinasittiche und die im Meer lebenden Seeminks in die ewigen Jagdgründe. Dem modernen Amerika hingegen gebührt hohe Anerkennung für seine energischen Schutzprojekte für bedrohte Tierarten.

Ebenso traurig war das Schicksal des Präriehundes, den unsere Kinder zum Gegenstand ihrer eigenen Fotoreportage erkoren haben. Er kommt noch zahlreich vor – aber die Populationen sind auf wenige Naturparks und Reservate beschränkt. Früher haben Kolonien von Milliarden von Präriehunden auf mehreren hundert Quadratkilometern gelebt. Auch ihr wichtigster Freßfeind, der amerikanische Iltis (oben), sieht allen Rettungsversuchen zum Trotz einer ungewissen Zukunft entgegen. Binnen zweier Jahrhunderte wurde das Ökosystem in den Great Plains tiefgreifend verwandelt.

Die Wildwestromantik hat nur in Parks und Reservaten überdauert

Die Eltern unserer Kinder standen noch unter dem Einfluß der Bilder einer verklärenden Wildwestromantik. Wer heute die schnurgeraden, umfriedeten Felder im Mittleren Westen entlangfährt, kann sich kaum vorstellen, daß hier zur Zeit unserer Urgroßeltern ganze Herden von Büffeln durch die Wildnis streiften und dabei alles niedertrampeln konnten.

AMERIKA SORGT FÜR SEINE WAISEN UNTERSCHIEDLICHER COULEUR

Edmonton, Kanada

Im wahren Leben wäre Bambi vielleicht das Kitz eines langohrigen Maultierhirschs oder eines weißschwänzigen Virginiahirschs. Beide Arten bevölkern alle Wälder des Kontinents. Eine kanadische Tierschützerin nimmt verstoßene Tiere oder Tierbabys, die durch die Machenschaften von Wilderern zu Waisen wurden, in ihrer Rehastation für Wildtiere auf. Dort durften unsere Kinder die Tierbabys mit der Flasche füttern. Clio ist auch die Gründerin einer der wenigen Aufzucht- und Auswilderungsstation für den bedrohten, kleinen Kitfuchs. Wie sie uns versicherte, wäre dieser Fuchs ohne ihren Vater, der die Initiative ins Leben rief, längst ausgerottet.

Der amerikanische Biber ist weiter als sein europäischer Vetter verbreitet

Anders als sein europäischer Cousin ist der amerikanische Biber oft tagaktiv. Seine Dämme und Höhlen sind die sichtbaren Zeichen seiner Präsenz. Man kann ihn leicht beobachten, wenn man genügend Abstand hält. Aber nicht alle sind so zutraulich wie dieser verschmuste Pensionär aus dem Zoo von Edmonton.

DER WAPITI, HERR DER TIEFEBENEN UND DER WÄLDER

Omaha, USA

Mit dem Geweih des majestätischen Wapitis, des amerikanischen Hirschs schlechthin, kann sein europäischer Cousin nicht mithalten. Man bleibt besser auf Distanz. Der Vorschlag eines Rangers, den Kindern auf seinem Quad den schönsten Bock der Gegend zu zeigen, stieß hingegen auf einhellige Begeisterung.

Friedlich, aber effizient

Der Urson, ein nordamerikanisches Baumstachelschwein, hat nicht das geringste von einem Raubtier (geschweige denn von einem Schwein). Er ernährt sich von Blättern und Rinden, lebt auf Bäumen und gehört zur Familie der Nagetiere. Aber Vorsicht: Bei Gefahr schießt er seine Stacheln wie spitze Pfeile in den Körper seines Angreifers.

GRIZZLY ODER SCHWARZBÄR – BITTE NICHT VERWECHSELN!

Minnesota/Wyoming

Obwohl es in Amerika mehr Bären als in Europa gibt, läßt sich Meister Petz dort nicht so oft sehen. In Nordamerika unterscheidet man den Schwarzbären (von Weiß bis Schwarz, über Grau, Beige und Braun) und den berüchtigten Grizzlybären in den Abstufungen von Braun bis Tiefschwarz. Einen Grizzly haben wir von weitem im Yellowstone Park gesehen und in Alaska noch einmal aus der Nähe, als er sich in der Saison an Lachsen gütlich tat. Die drei ersten Kaliber, zehn Kilo schwer, haben das Interesse der Kinder geweckt. Aber dann grauste es sie vor dem Ausweiden der Innereien, und sie haben sich mit ihren Gameboys zurückgezogen. Unser Bootsausflug bescherte uns eine Begegnung mit einem braunen Schwarzbären. Er kam von einer Zuchtfarm und war an Menschen gewöhnt. Unsere Familienidylle mit allen Requisiten nach Art von »Mein kleines Haus in Kanada« scheint ihn nicht so anzumachen!

ZIEGEN UND MUFFLONS, KÖNIGE DER BERGE

Rockies, USA

Die Königin der Bergwelt ist eine makellos weiße Schneeziege, die wir nach langer Sucherei zahlreich im Glacier National Park entdeckt haben. Gelegentlich ließ sie sich auch von der verkehrsreichen Paßstraße aus beobachten. Im Sommer überzieht sich der Paß mit wahren Blütenteppichen, durchsetzt von hochwüchsigem Bärenklau.
Ein anderer Herr der Berge ist der ebenfalls unvergeßliche Mufflon. Im Frühling, oberhalb von Denver, nutzte ein Rudel männlicher Tiere die Schneeschmelze, um uns aus der Nähe zu inspizieren. Sie waren es offenkundig gewohnt, von Touristen gefüttert zu werden. Im sommerlichen Montana konnten wir uns den Weibchen und ihren Jungen nähern (s. S. 135); die Männchen hatten sich in unzugänglichere Höhen zurückgezogen.

Wir haben uns die Rocky Mountains anders vorgestellt

Wir hatten die Rocky Mountains noch nie gesehen. Für ein Gebirge fanden wir sie überraschend »niedrig« und zerstükkelt. Vereinzelt ragten ein paar Gipfel auf, ansonsten dominierten große, sehr massive Hügel. Die schönsten Landschaften sind geschützt und Bestandteile von Nationalparks; insgesamt gesehen ist der alpine Charakter aber nicht sehr ausgeprägt. Wer im Sommer die Schnee- und Eisgrenze sucht, muss bis nach Kanada. Dort, vor allem in Alaska, befindet sich das Hochgebirge.

GLOBALE ERWÄRMUNG UND SCHMELZENDE GLETSCHER

USA

Großartige Gletscher, die sich allerdings im Zuge der weltweiten Klimaveränderungen zurückziehen, sind eine Spezialität Alaskas. Unser geowissenschaftlicher Unterricht spielt sich inmitten sommerlicher Blütenpolster ab. Im April kamen wir nach Colorado, wo der Schnee in den Hochlagen liegenbleibt, was sich die Schneehühner in ihrem makellos weißen Winterkleid zunutze machen. Dafür ist ein anderes Tier vom Aussterben bedroht: Der an der Westküste geortete Streifenkauz ist Gegenstand erbitterter gerichtlicher Auseinandersetzungen und hat gewaltige Medienkampagnen ausgelöst. Der Schutz dieses Vogels bedeutet, daß kein Baum mehr gefällt werden darf. Die Forstwirtschaft argumentiert empört mit Umsatz- und Arbeitsplatzverlusten. Die letzten Urwälder der Region, die aride und feuchte Zonen paart, sind besonders durch die Brandgefahr während der trockenen Hitzeperioden bedroht. Die Zukunft dieses Vogels liegt in den Händen der Richter und nicht in den Wäldern.

RÜCKKEHR INS TROPISCHE FLORIDA

Everglades, USA

Im geographischen Zickzack nehmen wir wieder Kurs auf Süden, Richtung Florida. Dieser Bundesstaat hat den großen, weißen amerikanischen Storch eingeführt, und rein zufällig kamen wir genau zu dem Zeitpunkt an, als sich nach zehnjährigen fruchtlosen Bemühungen 2002 der erste Nachwuchs einstellte. Der seltene Blauhäher ist zwar nicht so stark bedroht, aber ziemlich frech: Er hat unserer dreijährigen Tochter einfach den Keks geklaut!

Seit sie unter Schutz stehen, haben die Alligatoren ihre alten Territorien im Südosten der Vereinigten Staaten zurückerobert. Da ihre sumpfigen »Güter« jedoch vielfach von Menschen bewirtschaftet werden, kommt es vermehrt zu Konflikten. Aber im Everglades-Nationalpark ist der Alligator zu Hause, und wir müssen ihn respektieren. Ein wunderschönes weibliches Tier bewacht ihre Jungen, die an Land oder im Wasser die warme Wintersonne genießen. Solange sie sich nicht bedroht fühlt, wird sie unbeweglich liegenbleiben. Aber potentiell ist sie eine Gefahr. Tag für Tag kommen hier Touristen zu Hunderten, wenn nicht Tausenden vorbei, und da kann es schon mal vorkommen, daß jemand über einen Alligator stolpert. Als dieser kleine Schnappschuß von Mahaut neben dem Warnschild entstand, war natürlich ein Ranger in der Nähe.

DER FLUG DES KONDORS IM GRAND CANYON

Arizona, USA

Der Alligator in Florida stammt aus der Zeit der Dinosaurier. Auch der kalifornische Kondor war in vorgeschichtlicher Zeit weit verbreitet. Von seinem bekannteren Verwandten, dem Andenkondor, unterscheidet er sich in wesentlichen Punkten. Der nur in Nordamerika vorkommende, riesige kalifornische Kondor wurde langsam vom Kontinent verdrängt und überlebte nur noch am Pazifik – in dem Staat, der ihm den Namen gab. Eines Tages verschwand der Kondor aus der Natur. Der Mensch, der sich eines Besseren besonnen hatte, fing im Zeitraum von 1985 bis 1987 die letzten acht Exemplare für ein Nach-

zuchtprojekt ein. In den Zoos von Los Angeles und San Diego (wo unsere Kinder die Silhouette des Kondors nachahmten) wurden in diesem Rahmen gut hundert Nachkommen gezüchtet, die nun ihre fast drei Meter weiten Schwingen zwischen Utah und Arizona, in der grandiosen Natur des Grand Canyon in Colorado ausbreiten. Dort haben wir sie gesucht. In zwei Tagen konnten wir gut zehn Exemplare beobachten, so nah, daß wir manchmal unsere scharfen Teleobjektive wegstecken konnten. Der Kondor zeigt nämlich eine starke Neugier für den Menschen - was seine Ausrottung noch beschleunigt haben dürfte. Jetzt ist er einer der kostbarsten Vögel der Welt: Man hat in dieses Zuchtprogramm die Kleinigkeit von vierzig Millionen Dollar investiert ...

Durch den Flug des Kondors wurde die Attraktivität dieses grandiosen Naturparks noch gesteigert, doch es gibt noch andere Reservate, kleiner und ebenso sehenswert. Dead Horse Point bei Moab war ähnlich im Stil, aber mit einem Zug ins »Menschliche«, was uns noch besser gefiel.

ATEMBERAUBENDE LANDSCHAFTEN IM AMERIKANISCHEN WESTEN

Utah, USA

Der amerikanische Westen hat die schönsten Canyons der Welt, die man sich unbedingt näher ansehen muß. Utahs Naturschätze gehören zum touristischen Pflichtprogramm. Die beste Reisezeit ist der Frühling, um Ostern zum Beispiel, bevor die Touristen überhandnehmen und die Hitze unerträglich wird. Canyons, Bogenbrücken, hängende Steine, die Ariane hier im Gleichgewicht zu halten scheint – alles zu sehen ist einfach unmöglich.
Der mit unzähligen gelben und rötlichen Sandsteintürmen gespickte Bryce Canyon gehört seitdem zu unseren Favoriten. Dieser natürliche Irrgarten ist für Klettereien und Versteckspiele wie geschaffen. Und noch ein Wort zum Wetter: an einem Tag Teeshirt, am nächsten Tag Anorak!

All diese Naturparks vermitteln auf faszinierende Art und Weise Einblicke in geologische Zusammenhänge, Erscheinungen der Erosion, in erd- und naturgeschichtliche Entwicklungen. Haben wir nicht sogar die fossilisierten Reste von Dinosauriern gesehen? Nach einer Reise durch die endlose Weite Amerikas sehen wir unser überbevölkertes Europa mit anderen Augen.

EUROPA

Wir sind zum Ausgangspunkt unserer Reise zurückgekommen. Wir leben in Frankreich, auf dem Land, umgeben von einer landwirtschaftlich geprägten Natur. Die Tierwelt ist noch da, bleibt aber scheu und diskret, weil man sie jagt. Auch hier können wir uns ihr nur an bestimmten Orten unter gewissen Voraussetzungen nähern. Das kann in der Nähe unserer Wohnung sein, in einem Zoo, bei Züchtern, die wir kennen, oder sonstwo. Aufgrund der hohen Bevölkerungsdichte und der touristischen Entwicklungen ist die Natur Europas Gegenstand einer strengeren Reglementierung. Um uns in einer Kolonie von Papageitauchern frei bewegen zu können, mußten wir zu den Shetlandinseln nach Nordschottland reisen. Das Glück war uns nicht hold: Die Brutsaison war schlecht, und es regnete die ganze Woche lang. Das schöne Auftaktkild dieses Kapitels ist das Ergebnis einer einstündigen Autofahrt durch die Heide im diesigen Licht des nordischen Sommers. Kurz vor dem Abendessen riß endlich der Himmel auf.

Die meisten europäischen Aufnahmen wurden im Verlauf kleinerer Reportagen »in der Nachbarschaft« gemacht, so wie es gerade kam. Unsere drei Kinder sind darauf in verschiedenen Altersstufen zu sehen, denn im Gegensatz zu den anderen Kontinenten, die wir über größere Zeiträume hinweg besichtigt haben, waren wir in Europa nie so lange unterwegs.

SCHWAN UND DAMWILD, INBEGRIFF DER EUROPÄISCHEN FAUNA, WURDEN AUS ASIEN EINGEFÜHRT

Frankreich

Ariane hat das erste Lebensjahr noch nicht vollendet, als sie 1992 die ersten Schritte macht und mit Wildtieren auf Tuchfühlung geht. In unserer Region befindet sich der Wildtierpark Haute Touche, der für das naturgeschichtliche Museum von Paris und seine Zoos die Aufzucht und Pflege bestimmter überzähliger Tiere übernimmt. Auf diesem weitläufigen, mit Wäldern und Wiesen durchsetzten Gelände gibt es einen Fußweg durch ein Wildgehege, wo eine Hirschkuh das Interesse unserer Tochter für dieselben frischen Triebe teilte. Damhirsche haben heute ihren angestammten Platz in der französischen Tierwelt, obwohl sie ursprünglich als dekoratives Jagdwild aus Vorderasien eingeführt wurden.

Auf dem Genfer See an der Grenze zwischen Frankreich und der Schweiz leben Schwäne zuhauf, und dort sind sie besonders zutraulich. Obwohl es nicht belegt ist, wird angenommen, dass sie ebenfalls im Mittelalter aus Zentralasien nach Westeuropa kamen. Sie wurden domestiziert und allein zur kulinarischen Bereicherung der Königs- und Adelshäuser gehalten. In Großbritannien gehören nicht gekennzeichnete Schwäne nach alter Tradition übrigens immer noch der Königin.

DIE BEMERKENSWERTE SPANN-WEITE DES UHUS

World Owl Trust, England

Es hätte nicht viel gefehlt, und der Uhu wäre der intensiven Bejagung und der zerstörten Umwelt geopfert worden. Durch entsprechende Schutzmaßnahmen wurde die Situation der größten Eulenart in unserer Region aber deutlich verbessert. Der World Owl Trust bedient sich des hier abgebildeten Vogels für Informations- und Bildungszwecke: Mit dieser anschaulichen Demonstration hat er den Kindern bewiesen, daß er sich trotz seiner Größe erstaunlich geräuschlos durch die Luft bewegt.

Biodiversität und Klimazonen

Die klimatische Mäßigung der Übergangszonen zwischen tropischen und polaren Breiten äußert sich auch in einer gemäßigten Biodiversität. Nimmt man die Landesgröße als Maßstab, dann ist Frankreichs Artenreichtum im Vergleich zu den Wäldern von Gabun geringer, aber doch höher als in den arktischen Heidelandschaften. Damit soll wohlgemerkt kein Werturteil gefällt werden. Jede Naturlandschaft hat ihre unvergleichlichen Merkmale und Schönheiten. Und wir haben nur die Vielfalt der Formen, Farben, Assoziationen und Verhaltensweisen gewürdigt.

DIE FLAMINGOS DER CAMARGUE

Pont de Gau, Frankreich

Obwohl sie durch Welten getrennt sind, können verschiedene Landschaften dieselben Gäste bei sich empfangen. Der rosa Flamingo, der so oft mit tropischen Gefilden assoziiert wird, kommt in Südfrankreich und anderen Mittelmeergebieten in größeren Populationen vor. In Pont-de-Gau, einem Vogelreservat in der Camargue, sind die Wildvögel Besucher gewohnt und lassen uns ohne weiteres auf wenige Meter heran. Sogar Mahaut, erst fünfzehn Monate alt, kann ihnen aus nächster Nähe zuschauen, wenn sie am Boden aufsetzen, auf Futtersuche durchs Wasser waten und anschließend wieder wegfliegen. Als besonderes Merkmal besitzen Flamingos einen hakenförmigen Schnabel, der »umgekehrt« funktioniert: Der Vogel taucht seinen Schnabel nicht mit der Unterseite, sondern mit der Oberseite zuerst ins brackige Lagunenwasser ein, um dann nach Art der Wale mit seiner muskulösen Zunge das Plankton herauszufiltern.

FUTTER FÜR DIE MEISEN

Pontresina, Schweiz

Ein Jahr später waren wir in Pontresina, in den Schweizer Alpen. Dort war Mahaut wie verzaubert von den kleinen Meisen, die ihr aus der Hand pickten.

JUNI, KÜHL UND NASS!

Shetlandinseln, Schottland

Am Nordatlantik gibt sich die Tierwelt im Frühling zur Paarungszeit auf den Shetlandinseln ein Stelldichein. Dachten wir jedenfalls ... Im Jahr 2001 war der Fischreichtum, der von den Strömungen herangetragen wurde, längst nicht so ergiebig wie sonst, worunter vor allem die Robben und Meeresvögel zu leiden hatten. So blieb das Schauspiel in den Brutkolonien, die trotz einer üppigen, dichten Vegetationsdecke ungewöhnlich leer blieben, eher unspektakulär. Ganz zu schweigen von den Walen, Schwertwalen und Delphinen, die schlicht durch Abwesenheit glänzten. Und das Wetter war absolut scheußlich, obwohl der Süden Englands unter einer Hitzewelle stöhnte ...

EIDERDAUNEN

Northumberland, England

Die im Meer lebende Eiderente hat den Menschen unfreiwillig mit einem hochwirksamen, wärmeisolierenden Mittel beglückt - ihren Daunen. Das Weibchen reißt sich die kleinen Federn von der Brust, um für ihr Gelege in diesen naßkalten Gefilden ein kuscheliges, warm gepolstertes Nest zu bauen. Die hohe Fortpflanzungsrate stellt den Erfolg dieser Technik unter Beweis. Manchmal schwärmen mehrere Weibchen gemeinsam mit den Nachkommen von einigen Dutzend Enterichen aus, und unzählige Küken tanzen wie kleine Schaumkorken auf den Wellen. Die Männchen leuchten in prächtigen Farben, während das Gefieder der weiblichen und der jungen Tiere unscheinbar ist.

Zwerg und Riese

Das Inseldasein macht gewisse Spezialisierungen notwendig. Die Tiere geraten dort entweder größer oder kleiner als auf dem Kontinent. Das kleine Shetlandpony ist ein gutes Beispiel; und das Gewicht der Aléuten-Zwergkanadagans beträgt nur ein Drittel im Vergleich zu ihren Verwandten in den amerikanischen Great Plains. Im Gegensatz dazu ist der Kodiakbär jedoch unter den Braunbären der größte.

HÄNDE WEG VOM REHKITZ!

Réserve de Beaumarchais, Frankreich

Selbstverständlich durfte Ariane auf keinen Fall das Rehkitz zu berühren. Da es noch nicht so flink auf den Beinen ist, vertraut es auf die Tarnung und drückt sich bei Gefahr flach auf den Boden. Liegt ein Kitz allein auf dem Waldboden, ist die Mutter im allgemeinen auch nicht

IN DEN SCHATZKAMMERN DER EUROPÄISCHEN WÄLDER

Schottland

Der Highland Park ist eine Außenstelle des Edinburgher Zoos, der sich der lokalen Tierwelt widmet. Dort ließ sich Mahaut von den kleinen Küken des Auerhahns kitzeln, die später in die freie Wildbahn entlassen werden. Der balzende Hahn mit seinem dunkelblauen Gefieder und dem feschen Spitzbart erinnert an einen kleinen Puter. Obwohl er sich rarer macht, ist er in der Bergwelt Europas und in der nordischen Taiga noch zahlreich zu sehen.
Es läuft und läuft, das Frettchen, heißt es in einem französischen Kinderlied. Auf dem Bild oben spielt es am Eingang zu seiner Höhle Verstecken, zum größten Entzücken eines kleinen Mädchens. Die kleinen Fleischfresser, die sich nicht anders als Marder und Füchse oft unbeliebt machen, leisten nichtsdestotrotz einen nützlich Beitrag zur Wachstumskontrolle der Kleinnagetierpopulationen.

weit. Das Junge ist weder verstoßen noch krank und darf unter keinen Umständen berührt werden, weil es dadurch seinen Eigengeruch verliert und dann tatsächlich von der Mutter verlassen wird.
Die unten zu sehenden Rehe ließen Mahaut so dicht heran, weil sie aus Farmhaltung stammen. Mit Tieren in freier Wildbahn wäre das nicht möglich.

DIE GEMSE IST EINE EUROPÄISCHE SPEZIALITÄT

Parc des Angles, französische Pyrenäen

Braunbären, Wapitihirsche und Wölfe sind wie viele andere Arten nicht nur in Europa, sondern auch in Nordamerika und Asien verbreitet. Aber auch unser Kontinent hat seine typischen Vertreter. Die Gemse hat ihren Lebensraum zwischen den Alpen und dem Kaukasus (Alpengemse) sowie in den Pyrenäen und im Apennin (Pyrenäengemse).

Das europaweit verbreitete rote Eichhörnchen (S. 155) kann sehr zutraulich sein. Seine Färbung, die regional verschiedene Nuancen aufweist, unterscheidet es vom grauen amerikanischen Hörnchen. Durch dessen Einführung in Großbritannien wurde die einheimische Art verdrängt und muß nun durch entsprechende Maßnahmen geschützt werden.

Dieser wunderschöne Eisvogel wird nach der Kollision mit einer Fensterscheibe unseres Hauses von Ariane und Corentin gepflegt. Viele Vögel werden Opfer solcher Unfälle. Um das zu vermeiden, kann man die Fensterscheiben durch Aufkleber sichtbar machen, die zum Beispiel die Umrisse eines Raubvogels haben können. Trotzdem kollidieren alljährlich wieder Jungvögel mit unseren Fensterscheiben. Aber der Eisvogel war unverletzt und konnte bald wegfliegen.

DAS GEZÄHMTE WILDSCHWEIN

Réserve de Beaumarchais, Frankreich

Der Anblick einer ausgewachsenen Wildsau neben ihrem Frischling (ihrem Nachwuchs) amüsiert uns immer wieder durch den drolligen Kontrast des großen, schwarzen Borstentiers und des niedlichen, gestreiften Ferkels. Potentiell ist jedes Wildschwein, vor allem wenn es Nachwuchs hat, gefährlich. Aber diese gezähmte Sau war eher zutraulich.

DER ALPENSTEINBOCK, DAS STRAHLENDE NATURSYMBOL EUROPAS

Parc du Merlet, Frankreichh

Irgendwann neigt sich jede Reise ihrem Ende zu. Und das ist auch ganz in Ordnung so, denn eines Tages sehnt man sich nach den Strapazen der Reise nach Ruhe in den eigenen vier Wänden. Um diese Aufnahme zu machen, haben wir verschiedene Alpenregionen abgewandert. Mal war die Kulisse nicht dekorativ genug, mal wäre der Weg für die Kinder zu anstrengend geworden. Außerdem wollten wir eine Schneelandschaft. Im Parc du Merlet, in herrlicher Lage vor dem Mont Blanc, dem höchsten Gipfel Europas, kamen wir dann unversehens noch zu unserem Foto, als wir die Sache schon abgeschrieben hatten.
Der Steinbock, eines unserer schönsten Säugetiere, ist ein hoffnungsvolles Symbol der Natur Europas. Er ist wieder da, nachdem nur ein paar Individuen vor den Jägern und Wilderern im grandiosen Gran Paradiso Nationalpark Zuflucht gefunden hatten. Alle zur Zeit lebenden Steinböcke stammen von dort. Der Erfolg kann sich sehen lassen. Sein armer Verwandter aus den Pyrenäen ist seit Januar 2000 ausgerottet.
Ein mit Vernunft begabter Mensch, der ständig neue Techniken entwickelt und sich als Herren der Schöpfung betrachtet, müßte eigentlich so viel Weitblick haben, daß er seine alten Fehler korrigiert. Weit gefehlt. Das ungewisse Los der Bären in den Pyrenäen ist bekannt. Der iberische Luchs ist vom Aussterben bedroht ... Die Natur ist mannigfaltig und schön; doch um diese Biodiversität mit allem, was sie uns geben kann, zu erhalten, müssen wir sie schützen – und sie wie ein Kind hegen und pflegen.

DANKSAGUNG

Im Verlauf unseres zehnjährigen Nomadendaseins *en famille* haben wir in Frankreich und auch im Ausland zahlreiche Kontakte geknüpft, um Hilfe und Unterstützung für unsere Arbeit zu erhalten. All diesen Personen möchten wir hiermit unseren herzlichen Dank aussprechen. Unser Dank gilt auch denen, die namentlich nicht aufgeführt sind und die wir hiermit im vorab bitten, uns diese Auslassung nicht übel zu nehmen.

Unser Dank geht zunächst an alle, die uns mit ihren enthusiastischen Reaktionen den Anreiz und auch die Kraft dazu gaben, diese doch recht spezielle Untersuchung fortzusetzen, um schließlich ein kohärentes, repräsentatives Ensemble unserer Biosphäre zu gestalten. Für den Abdruck der ersten Bilder, die unsere Kontaktpersonen in der Fachwelt teilweise schon in ihren Bann zogen, bevor dieses Abenteuer begonnen hatte, danken wir Pascal Bessaoud, Bruno de Moy und François Pédron von *Figaro Magazine,* Marc Brincourt und Jean Cavé von *Paris Match,* Patricia Chahine von *Femme Actuelle* und Lydia Bacrie von *Parents,* Catherine Méric von *Voici,* Michel Philippot und Xavier Houssin von *Point de Vue;* außerdem danken wir dem gesamten Team von *Trente Millions d'Amis* und der inzwischen leider nicht mehr existierenden japanischen Zeitschrift *SINRA.*

Ohne die Hilfe der Einwohner des Dorfes, in dem wir in Frankreich unseren Wohnsitz haben, und vor allem nicht ohne die Unterstützung von Dominique, Christian und Bernadette hätten wir nicht so viele und schon gar nicht so lange Reisen unternehmen können, zumal wir manchmal auch gezwungen waren, ein oder zwei Kinder zurückzulassen. Zu besonderem Dank verpflichtet fühlen wir uns darüber hinaus den Mitarbeitern der öffentlichen Schulen – der Grundschule wie Oberschule – die stets ein offenes Ohr für uns hatten und Verständnis für die Zwänge unseres Berufslebens zeigten. Ihnen haben wir zu verdanken, daß unseren Kindern trotz alldem die Teilnahme am normalen Unterricht ermöglicht wurde.

In technischer Hinsicht danken wir Alain Guerrier und Patrice Raynaud von der AG Image in Choisy le Roi und dem Fotolabor Gorne, das zahlreiche Filme für uns entwickelte.

Und was unsere Arbeit vor Ort anbetrifft, so wäre sie ohne den Beistand all der nachstehend genannten Personen, Unternehmen und Einrichtungen, denen wir hiermit unseren Dank aussprechen, gar nicht zustande gekommen:

Für Südafrika: Andrew und Linda Conroy, Basie Wessels von der Mabalingwe Ranch, Brian Jones und das Moholoholo Rehabilitation Centre, das Center for Rehabilitation of Wildlife in Durban, Chanel Keeley von Sable Ranch, Chris und Tilde Stuart, Crispian Barlow, Dirk, Magda, Arnold und Marine Netthling von Botlierskop Game Farm, Eddy Van Eck von Lori Park in Pretoria, Fritz und Hildegaard Huchzermeyer, die Highgate Ostrich Farm, Holiday Campers in Johannesburg, Jaco Mol, Jan Van der Walt und die National Game Organisation, Jean-Luc Sweerts, Johan Holtzhausen, Kapama Safaris, Karen Trendler und das Animal Rehabilitation Center von Pretoria, Laubcher Coetzee und die Klein Karoo Ostrich Cooperative, LUXAVIA und Mme Mahovald, Martin Van Zyl von Entabeni Game Reserve, die Nationalparks in Südafrika, insbesondere Albert Koze in Lambert's Bay, Rita Miljo von CARE, die SATOUR, der Umgeni River Bird Park, Willem Grobler, William Horsfield, der Zoo von Pretoria mit seinen Außenstellen.
Für Zimbabwe: Gill und Norman Travers von der Imire Ranch, Liz Fitzgerald von Antelope Park, Rupert und Joan Darlow, Viv Bristow und Andy Cader von Lion Park.
Für Brasilien: Professor Coimbra Filho und Dr. Alcides Pissinatti, Luis Claudio Marigo, Marc und Betty Van Roosmalen, Michel Frey und das Institut Jacques Walter, Paulo Machado, Pedro Scherer Neto, Renato und Jacqueline Pineschi, das biologische Reservat Poço das Antas, Roberto Azeredo, Stanislav Szaniecki.
Für Chile: Amy Deane.
Für Venezuela: Franklin Rojas und PROVITA, FUDENA; G. Ramos und CORPOTURISMO, Hato El Cedral, Hato Pinero, der Zoo von Punto Fijo.

Für Australien: Alan & Ann McBride, Barry Nolan im Queensland Dept. of Environment, Berenice Walters und die Dingo Society, Bill Passick vom Zollamt in Melbourne, Bill und Miriam Connor, Bob Buckley, Bonorong Wildlife Park, Bruce Jacobs und die Dingo Farm von Castlemaine, Cassowary House, Chris und Chris Doughty, Christmas Island Tourism Association, Claude und Connie Borg, Cleland Conservation Park, Colin McKechnie und Gorge Wildlife Park, Con Whale in Kangaroo Island, die Conservation Commission von Alice Springs, Chris Surman und Lisa Nicholson, Cookie Harkin, Cradle Mountain Lodge, Currumbin Sanctuary, Dale Anderson, Damien Kelly und Pakjinka Llodge auf Cap York, Daryl und Ruh Evans, David und Lynne Walter, David und Natasha Stewart, David Percival, David Sweeney und Emu Farm, Gordon Hill Rottnest Island Authority, Graham Harrington, Greg Brackenrig, Harry und Sandy Humphrey, Healesville Sanctuary, Howard Blackburn, Jane Hodges und Tourism Queensland, Janice Jenkin und Lindsay Smith, Jean-Paul Orsini, Jenny Mclean, Jo Wieneke, Joanne Connolly, John und Chris Meppem, John und Elaine Beardmore von Rosehill Aviaries, John und Heather Cox, John Wamsley und Earth Sanctuaries, Joy, Chris und Alan Chalmers, Kanyana Wildlife Rehabilitation, Karakamia Sanctuary, Kaye Kessing, Ken und Isabella Harwood von Parrots of Bellawood Park, Kerry und Bernie Symes, Kim Crawford, Kip Venn von der Free Ranging Emu Farm, Klaas Gaikhorst vom Armadale Reptile Centre, Kuranda Butterfly Sanctuary, Laura Reeder und Andrew Trive vom St Lucia Koala Hospital, Liz Mathon und P&O Resorts, Margit Cianelli, Michael Egan und Crocodylus, Mike und Penny Driessen, Mme Fewstel und das australische Fremdenverkehrsamt von Paris, Moggil Koala Refuge, Nigel Higgs und Ray Smith von CALM WA; Familie O'Reilly's in Lamington, Pascal und Florence Soriot, Pat und Clive Minton, Paul's Place in Kangoroo Island, Peggy Rissmiler und Mike McKelvey, Peter Davidson in Tandou, Peter McRae und Lesley Gibson, Phil Andrews und das Tasmanian Museum in Hobart, Robert Houlihan und der Featherdale Wildlife Park, Ron und Trudy Eastburn, Ron Pearce in Knotts Crossing, Ross und Krissy Sacagio, Russell Swann von der Kanandah Station, Russell und Sandra McAllister, Steven Garnett und Gabriel Crowley, Susanne Dennings und die Malleefowl Conservation Group, Talune Wildlife Park in Cygnet, Territory Wildlife Park, Tim und Jenny Phelps, Tim Burnard und Richard Hill, Timber Creek Crocodile Farm, Tod Osborne, Todd Walsh, Tony Friend, Tourism Office von Western Australia, Trakka Camper-Vans in Sydney, Western Plains Zoo und Phil Cameron, Whimpey's Little Desert Lodge, im Zoo von Adélaïde: Mark Craig, Phil Digney und Bruce Campbell, im Zoo von Perth: Diana Gates und Mark Bradley.

Für Malaysia: Anthony Sebastian, Rafflesiencenter von Tambunan, Marc Ancrenaz und Isabelle Lackman, Kuala Lumpur Bird Park, Les Ring und das Malacca Butterfly and Reptile Sanctuary, Marid Hassan bin Abd Rahim und das Reservat Sungai Dusun, Musa bin Nordin vom Dept National Parks and Wildlife Perhilitan, Tourism Malaysia in Paris und Sandrine Perret, Tourism Malaysia und Zakaria Mohd Nani, Zainal Abidin Ja'afa, im Zoo von Melaka: Mr Tajudin und Dr Zainal, im Zoo von Taiping: Dr Kevin Lazarus.

Für Indonesien: Bali Bird Park.

Für Singapur: Jurong Bird Park und Dr Wong Hon Mun, Zoo von Singapur und Dr Bernard Harrison.

Für Thailand: Tim Redford.

Für Asien: Malaysian Airlinees, Cathay Pacific.

Für Madagaskar: André Peyrieras und die Schmetterlingsfarm von Marozevo, Dominique Halleux, Gilbert Paya, Jean de Heaulmes und das Reservat Berenty, Lucienne Wilme, Olivier Langrand, WWF Aires Protégées.

Für die Antarktis: M. Christian Dors – Verwalter der TAAF, die Besatzung der Astrolab und FISH, das Team der Forschungsstation Dumont d'Urville in der Saison 1994/95 und die IFRTP.

Für die Falklandinseln: David und Suzan Pole-Evans in Saunders, Hebe Tours und Nail Rowlands, Jennifer Luxton, Sealion Lodge.

Für Kanada: Aquarium Vancouver, Clio Smeeton und das Cochrane Ecological Institute, Delia Groninger und der Edmonton Valley Zoo, Garry Loselle, Les Steen, Mag Boucher, Mary Ellen Grant und der Kamloops Wildlife Park, Zoo von Calgary.

Für die USA: Astrid Vargas, Bill Brant, Chris Parish, Darrell und Bettye Leidigh, David Shackleton, Dennis und Mary Swanson, Forever Florida, Homosasassa Springs Susan Dougherty, Gilles & Chantal Sappey, Jerry Jennings, John Brueggen und die St Augustine Alligator Farm, John Seyjagat von Lubee Foundation, Ken Goddard und das Team vom FWS Forensics Lab, Kim Buntrock und Buntrock Whitetails, Lee und Sandy Greenly von der Minnesota Wildlife Connection, Loren und Betty Kittelson, Margie und Dimitry Banin, Michael Wallace, Randy Bachette, René und Colette Odéide, Steve Goodman, Steve Shurter, das freundliche, effiziente Mitarbeiterteam vom US Fish and Wildlife Service in den zahlreichen Nationalparks, die wir besuchten, der Zoo von Brookfield und Lee Haines, der Zoo von Denver und Richard Reading, der Zoo von Jacksonville und Greg Lepara, der Zoo von Omaha mit Dr Lee Simmons und sein Safari Park mit Gary, der Zoo von San Diego.

Für Frankreich: Charles Balaguer und der Parc des Aigles, Claire Cachat und der Parc du Merlet, Mme Delord und der Zooparc de Beauval, Eric Bureau und der Parc aux Oiseaux de la Dombes, Jean-Luc Berthier und die Ménagerie de Paris, Jean-Marc Lernould und Pierre Moisson vom Zoo in Mühlhausen, M Lamoureux und der Parc Ornithologique von Pont-de-Gau, Nadine und Raymond Pecqueur von der Réserve de Beaumarchais, Thierry Petit und der Zoo de La Palmyre, Xavier Legendre und der Parc de la Haute Touche.

Für Großbritannien: Diana Holloway vom Hillside Park, Highland Wildlife Park, Janet Bevington von The Booth und Mr. Mainland auf den Shetlandinseln, Jersey Wildlife Preservation Trust, Jim Irwindavies und Harewood Birdpark, Karen McKoy, Larry Palziel, Roger Wilkinson und der Chester Zoological Garden, Thierry Boulinier, Tony Durkin und Blackbrook Zoological Park, Tony Warburton und der World Owl Trust.

Für Italien: Stefano und Claudia Rattalino.

Für Deutschland: Dieter Rinke und der Walsrode Vogelpark, Jörg Adler vom Munster Allwetter Zoo, Ludger und Illie Bremehr, Robert Peters.

Für Schweden: Hans und Christine Lamosse, Skansen Foundation, Staffan Akeby und Skanes Djurpark.

Auf die immer wiederkehrende Frage: »Habt ihr nie Angst gehabt?« können wir immer nur antworten: »Wenn wir Angst um die Kinder gehabt hätten, hätten wir es nicht getan.«